# El Futuro del Habla: Inteligencia Artificial Generativa y Análisis de la Conversación

María del Carmen Martínez Carrillo

Todas las partes de esta publicación están protegidas por derechos de autor. Cualquier utilización fuera de los límites estrictos de las leyes de propiedad intelectual alemanas, sin el permiso de la autora, está prohibida y es susceptible de enjuiciamiento. Esto se aplica en particular a las reproducciones, traducciones, microfilmaciones y almacenamiento y procesamiento en sistemas electrónicos de recuperación.

Copyright © 2024 María del Carmen Martínez Carrillo. Berlín, Alemania. Todos los derechos reservados.

Edición por Jesús Martínez Blanco y María del Carmen Martínez Carrillo.

hello@drcarmenmartinez.com - www.drcarmenmartinez.com

Esta edición en E-PDF puede ser citada.

## Sobre la autora

María del Carmen Martínez Carrillo es doctora en Lingüística Aplicada con especialización en Análisis de la Conversación por la Universidad Antonio de Nebrija (Madrid, España). Desde el 2017, trabaja en Inteligencia Artificial Conversacional empleando su conocimiento sobre la interacción verbal humana en el desarrollo de interfaces conversacionales enfocadas a la automatización del servicio de atención al cliente.

# Agradecimientos

La escritura de un libro es un proceso arduo y solitario. Quiero agradecer el ánimo y la compañía recibidos durante la producción de este libro, especialmente, al Dr. Jesús Martínez Blanco. ¡Muchas gracias por revisar el manuscrito!

A los amigos asiduos a las "fiestas del balcón" les agradezco también que me hicieran salir de la biblioteca y pudiéramos divertirnos juntos en los descansos. A todos los que me ayudan cada día, a mi comunidad berlinesa. ¡Gracias!

# Índice general

**Introducción**   1
    0.1. El Análisis de la Conversación en la Inteligencia Artificial . . . . . . . .   1
        0.1.1. Objetivo Empírico . . . . . . . . . . . . . . . . . . . . . . . . . .   2
        0.1.2. Objetivo Divulgador . . . . . . . . . . . . . . . . . . . . . . . . .   2
    0.2. Inteligencia Artificial Generativa: Nuevos Retos . . . . . . . . . . . . .   3
    0.3. Público meta: profesionales de tecnologías futuras . . . . . . . . . . .   4
    0.4. Contenidos y Estructura de este Libro . . . . . . . . . . . . . . . . . .   5
    0.5. Contenidos de la serie . . . . . . . . . . . . . . . . . . . . . . . . . . .   6

**1. Orígenes e Influencias del Análisis de la Conversación**   9
    1.1. Revisión Rápida . . . . . . . . . . . . . . . . . . . . . . . . . . . . . . 10
    1.2. Los Fundadores del Análisis de la Conversación . . . . . . . . . . . . . 11
    1.3. Interaccionismo Simbólico . . . . . . . . . . . . . . . . . . . . . . . . . 13
        1.3.1. La nueva Sociología de Goffman . . . . . . . . . . . . . . . . . . 13
        1.3.2. Influencias en el Análisis de la Conversación . . . . . . . . . . . 16
        1.3.3. Aplicaciones en la Inteligencia Artificial Generativa . . . . . . . 16
    1.4. Etnometodología . . . . . . . . . . . . . . . . . . . . . . . . . . . . . . 18
        1.4.1. Los Etnométodos de Garfinkel . . . . . . . . . . . . . . . . . . . 18
        1.4.2. Influencias en el Análisis de la Conversación . . . . . . . . . . . 19
        1.4.3. Aplicaciones en la Inteligencia Artificial Generativa . . . . . . . 21
    1.5. Etnografía de la Comunicación . . . . . . . . . . . . . . . . . . . . . . . 23
        1.5.1. La Noción de Comunidad del Habla de Hymes . . . . . . . . . . 25
        1.5.2. El Modelo SPEAKING . . . . . . . . . . . . . . . . . . . . . . . 25
        1.5.3. El Concepto de Competencia Comunicativa . . . . . . . . . . . . 26
        1.5.4. Influencias en la Lingüística Aplicada y el Análisis de la Conversación . . . . . . . . . . . . . . . . . . . . . . . . . . . . . . . . . 30
        1.5.5. Aplicaciones en la Inteligencia Artificial Generativa . . . . . . . 31
    1.6. Conceptos Principales . . . . . . . . . . . . . . . . . . . . . . . . . . . . 32

## 2. La Ciencia del Análisis de la Conversación — **37**
- 2.1. Revisión Rápida . . . . . . . . . . . . . . . . . . . . . . . . . . . 37
- 2.2. ¿Qué es el Análisis de la Conversación? . . . . . . . . . . . . . . 38
- 2.3. Procesos de Razonamiento Tácito . . . . . . . . . . . . . . . . . 39
  - 2.3.1. Aplicaciones en la Inteligencia Artificial Generativa . . . . . . . 40
- 2.4. El Enunciado como Acción . . . . . . . . . . . . . . . . . . . . . 40
  - 2.4.1. Aplicaciones en la Inteligencia Artificial Generativa . . . . . . . 44
- 2.5. El Principio de Organización Secuencial . . . . . . . . . . . . . . 45
  - 2.5.1. Aplicaciones en la Inteligencia Artificial Generativa . . . . . . . 46
- 2.6. Conceptos Principales . . . . . . . . . . . . . . . . . . . . . . . . 47

## 3. Principios Metodológicos del Análisis de la Conversación — **51**
- 3.1. Revisión Rápida . . . . . . . . . . . . . . . . . . . . . . . . . . . 51
- 3.2. La Noción de Observabilidad en el Análisis de la Conversación . . . . . 52
  - 3.2.1. Aplicaciones al Diseño UX Conversacional . . . . . . . . . . . 55
- 3.3. Obtención de datos conversacionales . . . . . . . . . . . . . . . . 56
  - 3.3.1. Aplicaciones al Diseño UX Conversacional . . . . . . . . . . . 61
- 3.4. Primera Fase del Análisis: Recopilación de casos . . . . . . . . . . 63
  - 3.4.1. Aplicaciones al Diseño UX Conversacional . . . . . . . . . . . 64
- 3.5. Segunda Fase del Análisis: Descripción del Fenómeno . . . . . . . . 65
  - 3.5.1. Aplicaciones al Diseño UX Conversacional . . . . . . . . . . . 66
- 3.6. Tercera Fase del Análisis: Revisión de la interpretación . . . . . . . 67
  - 3.6.1. Aplicaciones al Diseño UX Conversacional . . . . . . . . . . . 68
- 3.7. Conceptos Principales . . . . . . . . . . . . . . . . . . . . . . . . 69

## 4. Habilidades para tu Carrera — **77**
- 4.1. Habilidades lingüísticas clave . . . . . . . . . . . . . . . . . . . . 77
- 4.2. En el Próximo Libro . . . . . . . . . . . . . . . . . . . . . . . . . 79
- 4.3. Feedback, Redes Sociales y Contacto . . . . . . . . . . . . . . . . 80

# Introducción

*El Futuro del Habla: Inteligencia Artificial Generativa y Análisis de la Conversación* constituye el primer libro de una serie de cinco obras de breve extensión dedicadas a la aplicación del Análisis de la Conversación (AC) al desarrollo de conversaciones humano-sistema.

## 0.1. El Análisis de la Conversación en la Inteligencia Artificial

El AC empezó a recibir atención entre los diseñadores de experiencia de usuario (UX) conversacional[1] a partir de la publicación del libro de Moore y Aral en el año 2019[2]. La razón de ello es que la comunidad tomó consciencia de que el AC -la disciplina sociolingüística que estudia la conversación natural- cuenta con la respuesta teórica y metodológica al siguiente interrogante clave en nuestro trabajo:

*¿Qué significa conversar?*

Como diseñadores conversacionales, para poder modelar, implementar y evaluar con éxito aplicaciones conversacionales que se correspondan con el modelo mental humano, necesitamos conocer detalladamente los patrones interactivos estereotípicos de la conversación natural y cómo explotarlos en las interacciones conversacionales con sistemas. El AC cuenta con este conocimiento y, por tanto, el dominio de sus principios teóricos y metodológicos se erige como la nueva habilidad profesional para trabajar con un enfoque *centrado en el humano*.

Con el fin de atender la demanda existente en la comunidad sobre estas nuevas habilidades, hemos decidido crear esta serie de libros siguiendo dos objetivos principales, con los que buscamos encontrar un punto intermedio entre el enfoque científico e

---

[1] Empleamos de manera equivalente las denominaciones «diseñador conversacional» y «diseñador UX conversacional».

[2] Moore y Aral, 2019.

informativo en la exposición de nuestros contenidos.

## 0.1.1. Objetivo Empírico

El primer objetivo de esta serie es *introducir al lector en el enfoque empírico* empleado por los analistas de la conversación. Este se basa en la Etnometodología, las técnicas observacionales y el análisis cualitativo.

En este sentido, consideramos que, para obtener respuesta a la pregunta de *¿qué significa conversar?*, resulta igualmente relevante conocer los componentes interactivos que conforman la conversación natural como entender los principios teóricos y metodológicos empleados por el AC para describir empíricamente el fenómeno conversacional.

El propósito es que el lector adquiera la metodología científica que permite a los analistas de la conversación transcender los límites de «lo que se dice» para identificar cómo «la estructura interactiva de lo que se dice» genera significado en la conversación.

## 0.1.2. Objetivo Divulgador

El segundo objetivo es la *divulgación del saber empírico* recopilado por el AC sobre los elementos, los fenómenos y los mecanismos que conforman la conversación natural. Nuestra intención es presentarlos para que puedan aplicarse en el desarrollo de interfaces conversacionales, especialmente, en el nuevo contexto planteado por la Inteligencia Artificial Generativa (IAG).

Esto nos lleva a describir, de manera técnica, pero comprensible para todo aquel que se encuentre interesado en el tema, los siguientes conceptos:

- La naturaleza de la conversación natural.

- Los componentes estructurales que la conforman.

- Sus respectivas funciones en la comunicación humana.

En la exposición de estos contenidos, nuestras aportaciones más relevantes son:

1. La creación de un *marco de referencia para la conversación natural*, en el que hemos compilado los elementos lingüísticos, pragmáticos y estructurales que conforman la conversación como fenómeno interactivo.

2. La utilización de los componentes de dicho marco de referencia para la extracción de aplicaciones prácticas en la IAG.

## 0.2. Inteligencia Artificial Generativa: Nuevos Retos

Resulta lógico presuponer que, en una serie dedicada a la Inteligencia Artificial Conversacional (IAC), se traten a fondo las tecnologías y las herramientas más comúnmente empleadas en la implementación de agentes conversacionales. Sin embargo, más allá de ciertos marcos generales, no vamos a referirnos, específicamente, a ninguna de ellas. Las razones de esta decisión (que puede resultar polémica para algunos lectores) son las siguientes:

1. Con el advenimiento de la IAG, vivimos un momento de profunda disrupción tecnológica en el que es imposible identificar los modelos grandes de lenguaje[3], los procesos, las interfaces o, ni siquiera, las nuevas profesiones que dominarán el mercado a corto o medio plazo.

2. Asimismo, debido a la intensa velocidad con la que avanza la tecnología de LLMs, corremos el mismo riesgo de que el contenido de esta serie se quede rápidamente obsoleto tanto si lo planteamos alrededor del actual paradigma de intención-entidad-contexto-respuesta típico en la Comprensión del Lenguaje Natural[4] como si llevamos su contenido al campo de una profesión de tan alta volatilidad como la de ingeniero de instrucciones[5].

Es por ello que, retomando la idea que gestamos en el año 2018[6], en esta serie, empleamos un *enfoque agnóstico* en lo que se refiere a las soluciones tecnológicas empleadas en la IAC y la IAG. Esto significa que, en la práctica, nos limitamos a exponer, desde el marco teórico del AC, los elementos, los fenómenos y los mecanismos que conforman la conversación natural descritos como una serie de *prácticas interactivas* para su réplica en la conversación humano-sistema. A nuestro parecer, este enfoque tiene la ventaja estratégica de ser funcional en cualquier paradigma tecnológico, plataforma de diseño o modalidad de agente conversacional que vaya a predominar en el mercado en un futuro próximo o en el que el diseñador deba empeñarse.

---

[3] LLM en sus siglas en inglés.
[4] NLU en sus siglas en inglés.
[5] Prompt engineer en su denominación en inglés.
[6] Martínez Carrillo, 2018c.

## 0.3. Público meta: profesionales de tecnologías futuras

Como hemos mencionado, el lector meta de estos libros se corresponde, principalmente, con el conjunto de diseñadores interesados en adquirir la habilidad de desarrollar interfaces conversacionales partiendo del marco teórico y metodológico propuesto por el AC[7].

Con respecto a las necesidades específicas de esta comunidad, el contenido de esta serie pretende:

1. Democratizar el AC como la disciplina aplicada en el campo del diseño conversacional.

2. Dotar a los diseñadores de instrumentos para que ajusten su carrera a las nuevas demandas planteadas por la IAG.

3. Generalizar el *enfoque centrado en el humano* en el diseño de interacciones con agentes conversacionales.

Además de los diseñadores conversacionales, el siguiente grupo de lectores meta viene conformado por los lingüistas y los demás profesionales expertos en el lenguaje que se empeñan dentro de los diferentes ámbitos que conforman el ecosistema de la IAC. Entre otros, los perfiles a los que nos referimos vienen representados por los lingüistas computacionales, los anotadores, los traductores y los expertos en localización, los creadores de contenido, los escritores UX y los nuevos ingenieros de instrucciones. Sin duda alguna, el contenido compartido en esta serie sobre los aspectos textuales de la conversación les será provechoso a todos ellos en el procesamiento y la generación de textos para la comunicación con usuarios o sistemas[8].

Por último, debemos mencionar el hecho de que, además de los profesionales con una formación lingüística, existe otro grupo de lectores cuyo número nos aventuramos a predecir que crecerá significativamente en el futuro cercano: los científicos de datos y los ingenieros de software. Dada la relevancia que el uso del lenguaje natural cuenta para la implementación de LLMs, es lógico que este grupo profesional busque diversificar

---

[7]Para cumplir con las demandas de este grupo, combinamos los resultados de nuestras investigaciones académicas [Martínez Carrillo, 2009, 2015a, 2015b, 2021a] y para el público profesional [Martínez Carrillo, 2018a, 2018b, 2018c, 2018d, 2018e, 2021b] con la perspectiva de nuestra experiencia adquirida en la industria.

[8]Sobre este punto, merece la pena mencionar que, especialmente, en el nuevo contexto del prompt engineering y los LLMs, nunca ha sido más relevante conocer los entresijos del lenguaje natural a la hora de programar un sistema.

sus conocimientos sobre la conversación más allá de los enfoques técnicos que han venido utilizando. Igualmente, el contenido de esta serie puede resultarles especialmente valioso para comprender el enfoque centrado en el humano empleado por los lingüistas y desarrollar métodos de colaboración multidisciplinar más eficaces.

## 0.4. Contenidos y Estructura de este Libro

El primer libro de esta serie se centra en desgranar la naturaleza del AC como ciencia y sus aplicaciones al diseño UX conversacional y la IAG. Los cuatro capítulos que componen el libro, con sus respectivos contenidos, son los siguientes:

- **Capítulo 1. Orígenes e influencias del AC:** describimos el bagaje científico de los fundadores del AC y las influencias que recibieron del Interaccionismo Simbólico de Goffman, la Etnometodología de Garfinkel y la Etnografía de la Comunicación de Hymes. Presentamos también el impacto de cada una de estas disciplinas en el diseño UX conversacional en el marco creado por la IAG.

- **Capítulo 2. La ciencia del AC:** exponemos la definición del AC como ciencia y de los tres principios teóricos en los que se basa (los procesos de razonamiento tácito, el enunciado como acción y el principio de organización secuencial), además de sus respectivas aplicaciones en la IAG.

- **Capítulo 3. Principios metodológicos del AC:** tratamos la noción de observabilidad en el AC y de cómo ésta influye en la recopilación de datos, la descripción de los fenómenos conversacionales y la revisión de la interpretación tanto en la disciplina como en el diseño conversacional.

- **Capítulo 4. Habilidades clave para tu carrera:** recopilamos las habilidades claves para el trabajo del diseñador conversacional derivadas de los contenidos de los capítulos anteriores. Específicamente, estas vienen representadas por la capacidad de integrar, tanto en el análisis de los datos conversacionales como en el diseño y la evaluación de las aplicaciones conversacionales:

  - El contexto.
  - El uso del principio de secuencialidad como instrumento de evaluación.
  - Los elementos pragmáticos y sociolingüísticos de la interacción.
  - Los diferentes niveles de competencia comunicativa del sistema y el usuario.

- El análisis cualitativo y cuantitativo[9].

Por último, con el objetivo de facilitar la asimilación de los contenidos, cada capítulo recoge los siguientes apartados extra:

- **Revisión rápida:** un índice, al inicio de cada capítulo, para que el lector pueda acceder instantáneamente a sus contenidos.

- **Conceptos clave:** las ideas más relevantes del capítulo recogidas en recuadros marcados con un símbolo específico.

- **Recopilación de conceptos:** una sección en la se listan, con su correspondiente definición, los principales conceptos del capítulo.

- **Referencias bibliográficas:** compiladas al final de cada capítulo para que el lector pueda consultarlas temáticamente.

## 0.5. Contenidos de la serie

Como hemos mencionado, los contenidos de este libro se completarán, progresivamente, mediante la publicación de cuatro libros más. La intención es desarrollar la serie de manera iterativa, recogiendo minuciosamente la opinión de los lectores al final de cada publicación para optimizar el valor de contenidos sucesivos para la comunidad.

Presentados globalmente, los temas tratados en el resto de los libros de la serie son los siguientes:

- El segundo libro se centra en describir las principales características de la conversación natural como:

    - Evento comunicativo.
    - Texto oral.
    - Actividad interactiva.
    - Interacción estructurada.

- El tercer libro trata los componentes microestructurales de la conversación:

    - El mecanismo de turnos.

---

[9]Este capítulo se encuentra presente al final de cada uno de los libros de la serie, ya que, como hemos mencionado, el objetivo es expandir las habilidades profesionales específicas de los lectores.

- El par adyacente.
- La secuencia de turnos.

■ El cuarto libro describe los componentes macroestructurales de la conversación:

- La apertura de la conversación.
- El cierre de la conversación.
- El núcleo temático de la conversación.
- El mecanismo de cambio de tema.

■ El quinto libro introduce la estructura de las siguientes secuencias de turnos:

- Secuencias de acuerdo.
- Secuencias narrativas.
- Secuencias de reparación.

Deseamos que los hallazgos que compartimos en este libro supongan una aportación provechosa para los lectores interesados en la conversación natural. Sobre todo, esperamos inspirarlos para que, en cada caso particular, encuentren su propia respuesta a la pregunta de *qué significa conversar*.

## Referencias Bibliográficas

Martínez Carrillo, M. C.
    (2009).
    *La organización temática en la conversación de estudiantes finlandeses de español como lengua extranjera* [Tesis de DEA]. Universidad Antonio de Nebrija.

Martínez Carrillo, M. C.
    (2015a).
    *El desarrollo temático de la conversación en español como lengua materna y en español como lengua extranjera de estudiantes finlandeses* [Tesis doctoral inédita]. Universidad Antonio de Nebrija.

Martínez Carrillo, M. C.
    (2015b).
    *El desarrollo temático de la conversación en español como lengua materna y en español como lengua extranjera de estudiantes finlandeses. Anexos* [Tesis doctoral inédita]. Universidad Antonio de Nebrija.

Martínez Carrillo, M. C.
(2018a).
*Aspectos socioculturales del diseño UX conversacional.*

Martínez Carrillo, M. C.
(2018b).
*Cinco principios básicos del diseño UX conversacional.*

Martínez Carrillo, M. C.
(2018c).
*Conversational UX Design and Repair Sequences.*

Martínez Carrillo, M. C.
(2018d).
*La conversación humano-máquina: procesos de razonamiento tácito y protocolos conversacionales.*

Martínez Carrillo, M. C.
(2018e).
*Metodologías de investigación etnográfica el diseño UX conversacional.*

Martínez Carrillo, M. C.
(2021a).
*Conversar en español: un enfoque desde el Análisis de la Conversación.*
Peter Lang.

Martínez Carrillo, M. C.
(2021b).
*Conversational UX Design: Creating Persistent Conversations.*

Moore, R. J., & Aral, R.
(2019).
*Conversational UX Design: A Practitioner's Guide to the Natural Conversation Framework.*
Association for Computer Machinery Books.

# CAPÍTULO 1

# Orígenes e Influencias del Análisis de la Conversación

## 1.1. Revisión Rápida

- Los Fundadores del AC
- El Interaccionismo Simbólico
    - La nueva Sociología de Goffman
    - Influencias en el AC
    - Aplicaciones en la IAG
- Etnometodología
    - Los etnométodos de Garfinkel
    - Influencias en el AC
    - Aplicaciones a la IAG
- La Etnografía de la Comunicación
    - La noción de comunidad de habla de Hymes
    - El modelo SPEAKING
    - El concepto de competencia comunicativa
    - Influencias en Lingüística Aplicada y el AC
    - Aplicaciones en la IAG
- Conceptos Principales
- Referencias Bibliográficas

## 1.2. Los Fundadores del Análisis de la Conversación

El AC se fundó como disciplina científica en la década de los sesenta del siglo pasado de manos del sociólogo Harvey Sacks y sus colaboradores más cercanos Emanuel Schegloff y Gail Jefferson[1].

 **Harvey Sacks (1935–1975)**

Harvey Sacks fue un sociólogo estadounidense influido por la tradición etnometodológica. Se doctoró en Sociología por la Universidad de California, Berkeley (1966) e impartió clases en la Universidad de California, Los Ángeles e Irvine, desde 1964 hasta 1975.

Sacks fue pionero en la realización de estudios muy detallados sobre el modo en que las personas utilizan el lenguaje en el mundo real. A pesar de su temprana muerte en accidente de coche y de que no publicó mucho, fundó la disciplina del AC.

Los temas centrales de su investigación fueron la organización de la referencia a personas, la organización de temas e historias en la conversación, las preferencias de selección del hablante, las pre-secuencias, la organización de la toma de turnos, las aperturas y cierres conversacionales, los juegos de palabras, los chistes, las historias y las reparaciones en la conversación, entre otros.

---

[1] Este capítulo expande los contenidos recogidos en Martínez Carrillo, 2021, p.49-54 sobre el AC para la IAG.

 **Emanuel Schegloff (1937)**

Emanuel Abraham Schegloff es Profesor Distinguido de Sociología en la Universidad de California en Los Ángeles. Junto con Harvey Sacks y Gail Jefferson, fue uno de los principales creadores del campo del Análisis de la Conversación. Su investigación sobre la lingüística interaccional es igualmente fundacional.

Su trabajo de investigación se ha centrado, especialmente, en las aperturas conversacionales, la organización del habla en conversaciones telefónicas, la organización de la referencia a lugares, la reparación, las respuestas paralingüísticas, la secuencialización del habla, el lenguaje no verbal y los gestos, los cierres conversacionales, entre otros temas.

 **Gail Jefferson (1938-2008)**

Gail Jefferson fue una socióloga estadounidense especializada en Sociolingüística. Fue, junto con Harvey Sacks y Emanuel Schegloff, una de las fundadoras del AC. Su mayor contribución a la disciplina fue la creación de un método y convenciones de anotación para la transcripción del habla que dieron lugar al *Sistema de Transcripción Jefferson*, utilizado ampliamente en la investigación del AC.

Además de especializarse en la transcripción del habla, su investigación científica se centró en la reparación, la organización de las historias, la risa, la superposición del habla, el cambio de tema y la secuencialización de listas y enumeraciones.

A nivel teórico, la visión de Sacks sobre el estudio de la lengua en sociedad parte del Interaccionismo Simbólico de Goffman y la Etnometodología de Garfinkel, dos perspectivas contemporáneas con las que muestra un alto grado de cercanía. Asimismo, el interés del AC por la importancia del contexto en la interacción, lo acercan a la Etnografía de la Comunicación de Hymes. A continuación, pasamos a ocuparnos de estas tres disciplinas, su influencia en el AC y su aplicación en la IAG conversacional.

## 1.3. Interaccionismo Simbólico

### 1.3.1. La nueva Sociología de Goffman

A lo largo de sus trabajos[2], Erving Goffman desarrolló una nueva forma de hacer Sociología centrada en:

- El estudio del *yo* como un constructo social e interactivo.

- La descripción de las diferentes maneras en las que los hablantes manejan su identidad para influir en el comportamiento que otros individuos muestran hacia ellos.

 **Ervin Goffman (1922-1982)**

Erving Goffman fue el sociólogo más influyente del siglo XX, gracias al desarrollo de la teoría de la interacción simbólica y la perspectiva dramatúrgica. La influencia de su investigación se extiende mucho más allá de la Sociología: su trabajo ha proporcionado los supuestos de gran parte de la investigación actual sobre el lenguaje y la interacción social dentro de los estudios de comunicación.

Goffman estableció la *microsociología*, es decir, el examen minucioso de las interacciones sociales que conforman la vida cotidiana. A través de ella, generó:

- La teoría del *yo* tal y como se presenta a los demás y es gestionado por ellos.

- El concepto de encuadre y la perspectiva del análisis del encuadre.

- Sentó las bases para el estudio de la gestión de las impresiones.

A través de la investigación de la interacción social, Goffman también realizó aportes fundacionales para el estudio de la interacción estratégica dentro de la teoría de juegos, el método sociolingüístico y la disciplina del AC. Con respecto al habla, Goffman defiende que es una actividad que debe considerarse una construcción social más que lingüística.

Para el desarrollo del nuevo marco teórico del Interaccionismo Simbólico, Goffman

---

[2]Goffman, 1959, 1967, 1971, 1981.

eligió la interacción cara a cara como el campo de estudio de la identidad. Para Goffman, el *yo social y personal* del individuo constituye el resultado de:

- **Macroprocesos sociales:** suceden a nivel institucional y se materializan a través de la familia, la escuela o el trabajo.

- **Microprocesos sociales:** actúan a nivel individual y vienen representados por los continuos contactos sociales que se producen durante el transcurso de la vida cotidiana.

Estas últimas interacciones «mínimas» revierten en la creación de diferentes *marcos de participación* relacionados directamente con el evento comunicativo[3] del que forman parte y que influyen en los procedimientos verbales empleados por los interlocutores.

Entre los numerosos conceptos con los que la *microsociología* de Goffman avanza el conocimiento del uso social de la lengua, destacan los conceptos de *imagen* y *ritual*.

 **Imagen**

Partiendo del yo como un constructo social e interactivo, Goffman define la noción de imagen como una encapsulación de la expresión del conjunto de acciones con valor positivo que forma parte de todas las interacciones sociales.

Asimismo, los encuentros se establecen como una especie de *procesos teatralizados*, en los que los participantes siguen un guion predeterminado, con el objetivo de proteger su propia identidad social.

---

[3]Presentamos la definición del concepto de evento comunicativo en el apartado dedicado a la Etnografía de la Comunicación en este mismo capítulo.

> **🔑 Ritual**
>
> El concepto de imagen implica que una parte significativa de los elementos del lenguaje verbal y no verbal que se emplean, repetidamente, en las interacciones sociales cotidianas se encuentra *ritualizada*. Esto significa que han adquirido funciones comunicativas especializadas enfocadas a la preservación de la imagen social positiva.
>
> Este es el caso de:
>
> - **Los rituales de presentación:** manifestaciones explícitas de aprecio y consideración.
>
> - **Los rituales de evitación:** expresiones de deseo de mantenimiento de distancia.
>
> - **Los rituales de acceso:** saludos y despedidas.

En lo que se refiere específicamente a la conversación espontánea, Goffman se acerca a su estudio totalmente convencido de que dicho tipo de interacción oral

> *has a life of its own and makes demands on its own behalf. It is a little social system with its own boundary-maintaining tendencies; it is a little patch of commitment and loyalty with its own heroes and its own villains.*
> (Goffman, 1957).

La conversación representa, por tanto, en el Interaccionismo Simbólico:

- **Un espacio de organización social:** en el que puede observarse y describirse el orden de la interacción humana, es decir, la estructuración preestablecida que regula los guiones participativos susceptibles de ser aplicados por los interlocutores en base a los objetivos que busquen cumplir en su interacción.

- **Una unidad social independiente:** que merece ser estudiada como tal y no como un instrumento para acceder a la comprensión de otros fenómenos sociales, como era lo normal, en aquel momento, en la metodología de la Psicología y la Antropología.

## 1.3.2. Influencias en el Análisis de la Conversación

Afortunadamente, al contrario de la actitud mostrada por otras corrientes dominantes de la Sociolingüística -que aceptaron las ideas de Goffman, aunque sin prestarle demasiada atención-, Sacks apropió la idea de la *conversación como acto social independiente* y le aplicó su propio enfoque teórico y metodológico[4].

En lo que respecta al *nuevo enfoque teórico*, cuando describe el orden interactivo de los encuentros sociales, Goffman distingue entre:

1. **Propiedades sistémicas de la interacción:** los elementos que posibilitan la comprensión mutua de los interlocutores, como, por ejemplo, la aplicación de un mecanismo de toma de turno ordenado.

2. **Propiedades rituales de la interacción:** los elementos relacionados con la cortesía que preservan la propia imagen y el buen estado de las relaciones sociales.

Por su parte, Sacks decide incluir las propiedades rituales dentro de las propiedades sistémicas. Esto significa que, cuando en el AC se analiza una pregunta de interés sobre el estado del interlocutor del tipo de *¿Cómo estás?*, se considera que su función más relevante es la de preservar la secuencialización ordenada del habla[5].

Pasando a describir el *nuevo aspecto metodológico* aplicado por Sacks, este delimita su material de análisis estrictamente a grabaciones de conversaciones espontáneas, al contrario que Goffman. Este último empleaba todo tipo de interacciones orales, como grabaciones de programas de televisión, conversaciones elicitadas mediante métodos sociológicos, conversaciones entre pacientes de instituciones mentales, entre otros materiales.

## 1.3.3. Aplicaciones en la Inteligencia Artificial Generativa

El Interaccionismo Simbólico de Erving Goffman, la corriente más influyente en la sociología del siglo XX, ofrece valiosos conceptos y perspectivas que pueden ser aplicados a la IAG conversacional. A continuación, exploraremos las principales aplicaciones de esta teoría en este campo emergente.

- **La noción del yo como un constructo social e interactivo:** en el contexto de la IAG conversacional, podemos aplicar el concepto de *yo* social de Goffman con el objetivo de mejorar la personalización de las interacciones. Los sistemas

---

[4]De hecho, Goffman fue maestro de Sacks. Una de sus primeras investigaciones (Sacks, 1972), tiene su origen en un trabajo realizado para uno de los seminarios al que asistió siendo su alumno.

[5]Sacks et al., 1992, p.49-56.

conversacionales pueden ser diseñados para comprender y adaptarse a la identidad social percibida del usuario, permitiendo una conversación más fluida y auténtica.

- **El manejo de la identidad para influir en el comportamiento:** el estudio de cómo los hablantes manejan su identidad para influir en el comportamiento de otros individuos es esencial en la creación de chatbots y asistentes virtuales que cuenten con una capacidad de persuasión. Los sistemas pueden ser programados para ajustar su tono, estilo y contenido en función de la identidad percibida del usuario, con el fin de lograr resultados específicos.

- **Imagen y ritual en la conversación:** los conceptos de *imagen y ritual* de Goffman pueden aplicarse para mejorar la calidad de las conversaciones generadas por IA. Los sistemas conversacionales pueden ser programados para utilizar un lenguaje y un tono que contribuyan a construir una imagen social positiva del usuario. Además, pueden incorporar rituales de conversación, como saludos y expresiones de aprecio, que mejoren la experiencia del usuario y ayuden a construir relaciones sociales efectivas[6].

- **Organización social de la conversación:** el Interaccionismo Simbólico destaca que la conversación es un espacio de organización social con reglas y estructuras preestablecidas. En la IAG conversacional, esto implica que los sistemas pueden ser instruidos para seguir patrones de interacción específicos, como mostrar un grado de cortesía específico, para mejorar la imagen mutua y la fluidez de la conversación.

- **Estructuración de la conversación:** aunque comúnmente se considera que las conversaciones son impredecibles y carecen de normas, el Interaccionismo Simbólico y el AC proporcionan la base teórica para entender que las interacciones conversacionales se encuentran estructuradas, lo que facilita que nuestro *yo personal y social* se manifiesta de manera coherente en ellas. En el contexto de la IAG conversacional, los diseñadores conversacionales y los ingenieros pueden aplicar esta teoría mediante la creación de guiones, el modelado de contexto, la personalización coherente y la gestión de interrupciones. Esto mejora significativamente la calidad de las interacciones entre usuarios y sistemas de IA.

- **Equipos multidisciplinares:** con la formación lingüística adecuada, los diseñadores conversacionales son los profesionales que cuentan con el conocimiento de

---

[6]La importancia de los saludos y las despedidas en el diseño UX conversacional y su organización secuencial ha sido ampliamente tratada por Moore y Aral, 2019.

los macroprocesos y los microprocesos sociales, lo que les da acceso a la comprensión y el análisis del contexto específico de la conversación. Su responsabilidad se extiende a la creación de una persona y un lenguaje consistentes para el sistema y a la aplicación de *prácticas conversacionales* que mantengan una imagen positiva del mismo (incluso si es necesario interrumpir el servicio en caso de insultos [7] ).

Una vez que hemos expuesto las influencias del Interaccionismo Simbólico en el AC y la IAG, en el siguiente apartado, pasamos a ocuparnos de la Etnometodología de Garfinkel.

## 1.4. Etnometodología

### 1.4.1. Los Etnométodos de Garfinkel

Paralelamente a Goffman, Garfinkel desarrolló también un nuevo enfoque de la Sociología que llegaría a ser conocido bajo la denominación de Etnometodología[8].

 **Harold Garfinkel (1917-2011)**

Garfinkel fue un sociólogo y etnometodólogo estadounidense que impartió clases en la Universidad de California en Los Ángeles. Creó la disciplina de la Etnometodología como un marco empírico para describir los métodos que utilizan las personas utilizan para comprender la sociedad en la que viven.

A través de la Etnometodología, Garfinkel se dio cuenta de que dichos métodos que se encuentran muy fijados en las *actitudes naturales* de las personas.

Este enfoque resulta contrario al que reinaba en la época en la Sociología, que centraba en fuentes externas (instituciones, hechos sociales) la explicación de lo que sucede dentro de una situación.

Como se puede observar, de manera similar al Interaccionismo Simbólico, la Etnometodología emplea la cotidianidad como campo de estudio de la interacción social. La diferencia fundamental reside en presentarse a sí misma como un paradigma opuesto a la sociología funcionalista de Talcott Parsons[9].

---

[7]La estructuración secuencial de la interrupción del servicio después de un insulto ha sido descrita por Moore y Aral, 2019, p.176-178.

[8]Garfinkel, 1967.

[9]Parsons, 1937.

 **Talcott Parsons (1902-1979)**

Talcott Parsons fue un sociólogo estadounidense y una de las figuras más influyentes de la sociología del siglo XX, conocido, sobre todo, por su teoría de la acción social y el funcionalismo estructural.

El interés de Parsons se centró en explicar los mecanismos que conducen a las sociedades a alcanzar un estado de orden y estabilidad y a sus miembros a respetar a otros individuos.

Aplicando una perspectiva determinista, Parsons consideraba que, durante el proceso de socialización, los niños reciben refuerzos positivos o negativos por parte de la escuela y la familia. Esto les lleva a interiorizar y reproducir las reglas y las estructuras sociales, que, mediante estos procesos, se mantienen vigentes de generación en generación.

En el plano teórico, esto significa que las categorías sociales existen con independencia de los individuos, por lo que el investigador cuenta con la posibilidad de describirlas sin necesidad de contextualizarlas en el comportamiento real de los miembros de la sociedad.

Al contrario, el enfoque etnometodológico defiende la idea de que los individuos son perfectamente capaces de entender, de manera racional, las responsabilidades sociales que conllevan sus acciones. Es más, Garfinkel considera que es, exactamente, el sentido del deber social el que homogeniza el comportamiento de los seres humanos y los lleva a sentirse miembros del mismo grupo.

De esta manera, el autor torna el foco sobre el *aspecto racional de la actuación social*, dando lugar a la que será su propuesta más revolucionaria: la Sociología debe ocuparse, como objeto de estudio, del *sentido común* que muestran los hablantes durante las interacciones sociales, es decir, de los métodos que emplean para evaluar el significado de sus propias acciones, denominados por Garfinkel como *etnométodos*. Esto significa que el investigador deja de interesarse por la descripción de los procesos de interiorización de las normas sociales.

### 1.4.2. Influencias en el Análisis de la Conversación

La influencia teórica y metodológica de las ideas de Garfinkel en el AC es indiscutible, ya que, en los inicios de su carrera, Sacks mantuvo una relación muy estrecha con el fundador de la Etnometodología. Es más, juntos realizaron una investigación en la que examinaban la capacidad de los individuos para usar el lenguaje como un instrumento al servicio del sentido común en un determinado contexto cultural[10].

- **Influencias teóricas:** en el plano teórico, Sacks, partiendo de la noción de etnométodos, define el principio de secuencialización de la conversación, fundamentalmente, como un proceso en el que se materializa la interpretación de los interlocutores sobre lo que está sucediendo en la interacción[11].

- **Influencias metodológicas:** en lo que respecta al plano metodológico, tanto Garfinkel como Sacks se muestran muy críticos con las metodologías de recogida y análisis de datos cuantitativos aplicadas por las principales corrientes sociológicas vigentes en su época.

Al respecto, en su artículo de 1970, ambos autores expresan que, en los procedimientos metodológicos clásicos (búsqueda de informantes, empleo de encuestas y entrevistas, sometimiento de los datos a análisis estadístico, etc.), subyace una actitud de menosprecio de la capacidad de comprensión que tienen los individuos sobre los procesos sociales en los que participan. Esto lleva a la Sociología a considerar que los individuos son meros informantes y que solo el investigador cuenta con la habilidad de desentrañar el funcionamiento de los procesos sociales.

Como expondremos en el siguiente capítulo, dicha crítica constituye, en el AC, el origen del empleo de grabaciones de conversaciones espontáneas y, sobre todo, de la aplicación de un enfoque émico y cualitativo en el análisis de las interacciones.

---

[10]Sacks y Garfinkel, 1970.
[11]Profundizamos en el concepto de secuencialización del habla en el siguiente capítulo.

 **Enfoques émicos y éticos en Antropología**

Los enfoques émico (interno) y ético (externo) son dos perspectivas distintas que se emplean en la investigación de campo en Antropología.

- **Enfoque émico:** se trata de una perspectiva desde dentro que se sumerge en las creencias, valores y prácticas de una cultura específica desde el punto de vista de las personas que viven en ella. Su principal objetivo es comprender el significado cultural de un comportamiento o práctica particular, tal como es concebido por quienes lo realizan.

- **Enfoque ético:** representa una perspectiva desde fuera que observa una cultura desde la óptica de un observador externo. Este enfoque se centra en los comportamientos y prácticas culturales observables y busca entenderlos en términos de su función o evolución. A menudo, el enfoque externo implica la utilización de medidas y marcos de referencia estandarizados para comparar diferentes culturas y puede involucrar la aplicación de conceptos y teorías de otras disciplinas, como la Psicología o la Sociología.

### 1.4.3. Aplicaciones en la Inteligencia Artificial Generativa

El enfoque etnometodológico de Garfinkel se centra en comprender cómo las personas interpretan y dan sentido a sus interacciones sociales cotidianas. Esto impacta la IAG conversacional de las siguientes formas:

- **Comprensión del sentido común:** la Etnometodología de Garfinkel destaca la importancia del *sentido común* como el instrumento cognitivo que permite a las personas extraer significado de sus conversaciones diarias. Los desarrolladores de sistemas conversacionales deben comprender cómo funciona el principio de secuencialización del habla en la interpretación humana de la conversaciones para poder incorporar dicha comprensión en los modelos conversacionales.

- **Interpretación contextual:** Garfinkel y sus seguidores enfatizan la interpretación contextual que las personas aplican en sus conversaciones. Esto es esencial para la generación de respuestas, por parte del sistema, que, simultáneamente, sean coherentes con el contexto y las expectativas del usuario.

- **Interpretación secuencial:** Garfinkel hizo hincapié en la idea de que la conversación es un evento comunicativo completamente estereotipado que se rige en base al principio de secuencialización. Al respecto, en la mayoría de las ocasiones, cuando los usuarios se quejan de que la conversación con un agente conversacional es incoherente, lo que realmente están señalado es que su desarrollo no respeta las reglas de secuencialidad empleadas por el interlocutor humano para monitorizar el correcto intercambio de significado. El siguiente ejemplo ilustra la violación del principio de secuencialidad, por parte del sistema, en una conversación automatizada por chat:

| Conversación | Fenómenos conversacionales |
| --- | --- |
| 01 Sistema: Hola, soy el agente virtual de la pizzería Napoli. ¿Cómo puedo ayudarle? | <ul><li>*Apertura de la conversación.*</li><li>*Saludo.*</li><li>*Anclaje del núcleo temático mediante ofrecimiento.*</li></ul> |
| 02 Usuario: Hola, me gustaría encargar una pizza margarita. | <ul><li>*Saludo.*</li><li>*Respuesta al ofrecimiento.*</li><li>*Inicio del núcleo temático.*</li></ul> |
| 03 Sistema: Hola, soy el agente virtual de la pizzería Napoli. ¿Cómo puedo ayudarle? | <ul><li>*Aborto del desarrollo del núcleo temático.*</li><li>*Apertura de la conversación.*</li><li>*Saludo.*</li><li>*Anclaje del núcleo temático mediante ofrecimiento.*</li></ul> |

**Ejemplo 1.1:** Secuencia incoherente en una conversación humano-sistema a través de texto.

Una vez expuestas las aplicaciones de la Etnometodología de Garfinkel en el AC y la IAG, en el próximo apartado, pasamos a describir el impacto de la Etnografía de la Comunicación.

## 1.5. Etnografía de la Comunicación

 **Nota**

Dell Hymes fue declarado responsable de múltiples casos de acoso sexual y discriminación durante su mandato como Decano de la Escuela de Postgrado de Educación de la Universidad de Pensilvania entre 1975 y 1987. Si bien la investigación académica de Hymes es fundamental en el campo de la Lingüística, expresamos nuestra más profunda condena por los abusos de poder y el acoso sexual a los que sometió a sus compañeras y alumnas a lo largo de su carrera.

Hymes propuso una nueva área de estudio en la que combina los planteamientos teóricos de la Lingüística y la Antropología Cultural. Su objetivo era analizar las formas de habla que caracterizan una determinada *comunidad de habla*, es decir, el grupo de individuos que comparten el mismo código lingüístico y unas normas de interacción social comunes[12].

 **Dell Hymes (1927–2009)**

Dell Hathaway Hymes fue un destacado sociolingüista, antropólogo y folclorista cuyo trabajo se centró en las lenguas del Pacífico Noroeste. Durante su carrera, ocupó cargos en varias universidades, incluyendo Harvard, la Universidad de California en Berkeley y la Universidad de Pensilvania, donde desempeñó un papel importante en la creación de la revista *Language in Society*.

Su influencia en el campo de la lingüística se refleja en su modelo «SPEAKING», que aborda los componentes esenciales de la interacción lingüística y en su enfoque en la etnopoética y la narrativa como medios para comprender el lenguaje y la cultura. Su trabajo influyó en la Sociolingüística, la Pragmática, la Semiótica y otros campos afines.

La Etnografía de la Comunicación constituye un instrumento de estudio etnolingüístico de las formas de comunicación existentes en una sociedad. Las disciplinas que más la influencian son:

---

[12]Hymes, 1962, 1964.

- **Antropología:** como etnógrafo y folklorista, Hymes se une a la línea antropológica representada por Boas, Sapir y Whorf. Esta se caracteriza por emplear el trabajo de campo como medio de recolección de datos que, posteriormente, se emplean en el análisis de la relación entre la lengua y la cultura en una determinada comunidad.

- **Lingüística:** el interés por la lengua de Hymes lo lleva a adaptar a su pensamiento los principios teóricos de la lingüística funcionalista de Malinowski, Firth y Halliday. Estos establecen que el significado del lenguaje procede del contexto social en el que se produce.

- **Filosofía:** el modelo funcional de Jakobson y la teoría de los actos de habla de Austin y Searle constituyen las fuentes filosóficas más relevante de la teoría de las funciones del lenguaje de Hymes[13].

 **Otros etnógrafos de la comunicación destacados**

Además de Hymes, otros dos autores ocupan un lugar relevante dentro de la Etnografía de la Comunicación.

**Gumperz (1922-2003)**
Colaboró activamente en el desarrollo teórico de la disciplina desde sus inicios[14]. En su *teoría de los indicios de contextualización*, propuso que los actos de habla solo adquieren significado completo cuando se conectan con la dimensión cultural y el contexto inmediato en los que han sido producidos[15].

En base a tal principio, analizó los factores contextuales que influyen en las interacciones interculturales, desarrollando una metodología para el estudio de las estrategias discursivas aplicadas por interlocutores procedentes de distintos ámbitos culturales, étnicos, raciales o de género[16].

**Saville-Troike (1936)**
Principalmente, se encargó de popularizar la metodología de la Etnografía de la comunicación entre los sociólogos y los antropólogos culturales[17].

---

[13]Austin, 1962; Searle, 1969.
[17]Gumperz y Hymes, 1972.
[17]Gumperz, 1982.
[17]Gumperz, 1978, 1982.
[17]Saville-Troike, 2003.

## 1.5.1. La Noción de Comunidad del Habla de Hymes

Una de las aportaciones más significativas de Hymes es la conceptualización de las nociones de *acto comunicativo*, *evento comunicativo*, *situación comunicativa*, *práctica comunicativa* y *comunidad de habla*, con el objetivo metodológico de estudiar las normas lingüísticas y los patrones de interacción social como un todo inseparable[18]. A continuación, exponemos la definición de estos conceptos.

- **Acto comunicativo:** se trata de enunciados (como, por ejemplo, *Hoy hace mucho calor*) que se expresan durante el transcurso de las interacciones cotidianas. Su significado completo solo es accesible para el receptor del mensaje si se encuentra acompañado del contexto en el que se produce.

- **Evento comunicativo:** se define como la sucesión secuencial de los actos comunicativos en el marco de la interacción. Los eventos comunicativos constituyen segmentos de la vida social de los participantes caracterizados por contar con un inicio y un final claramente delimitados y por seguir una serie de patrones y dinámicas específicas.

- **Situación comunicativa:** se identifica con el contexto y la escena de la interacción, con los que cada tipo de evento comunicativo guarda una fuerte dependencia. Esto limita los tipos de eventos que puede producirse en determinados marcos contextuales.

- **Prácticas comunicativas:** se corresponden con los actos, los eventos y las situaciones comunicativas habituales en una determinada *comunidad de habla*. Las normas de uso e interpretación de las prácticas comunicativas representan el conocimiento más relevante con el que cuentan sus miembros integrantes.

- **Comunidad del habla:** el grupo de individuos que comparten un código lingüístico y unas prácticas comunicativas comunes.

## 1.5.2. El Modelo SPEAKING

Como puede observarse, a nivel teórico, la Etnografía de la Comunicación busca una respuesta a la siguiente pregunta de investigación:

> *¿Qué necesita saber un hablante para comunicarse de manera apropiada dentro de una comunidad de habla determinada y cómo adquiere tal conocimiento?*[19]

---

[18]Hymes, 1962, 1972a.

Para responder a esta pregunta, la disciplina propone una metodología que combina la perspectiva émica y la ética:

1. **Perspectiva émica:** el investigador debe llevar a cabo su observación desde el punto de vista de los miembros que conforman la comunidad de habla en cuestión.

2. **Perspectiva ética:** los datos recogidos durante el trabajo de campo deben ser analizados empleando la perspectiva externa que supone la aplicación de instrumentos de análisis.

Entre dichos instrumentos, el más conocido es la plantilla creada por Hymes para el análisis sistemático de los eventos comunicativos, cuyos componentes quedan resumidos con el acrónimo mnemotécnico SPEAKING[20]:

- **S - Setting:** el tiempo, el lugar y el resto de los aspectos físicos de la situación comunicativa.

- **P - Participants:** la identidad de los participantes expresada a través de factores como la edad y el sexo, el estatus social y el tipo de relación que los une.

- **E - Ends:** el propósito del evento y los objetivos individuales de los participantes.

- **A - Act:** la forma en la que los actos se secuencian dentro del evento y el manejo del tema o los temas.

- **K - Key:** la clave o la manera con la que se dice o se escribe algo.

- **I - Instrumentalities:** el canal y el código de la interacción.

- **N - Norms:** las normas socioculturales de interacción e interpretación.

- **G - Genre:** el tipo de acto comunicativo (email, poema, chiste, novela, etc.) [21].

### 1.5.3. El Concepto de Competencia Comunicativa

En el marco teórico de la Etnografía de la Comunicación, Hymes desarrolla el concepto de *competencia comunicativa*[22], con el objetivo de describir lo que los usuarios de la lengua necesitan saber y ser capaces de hacer, tanto en el ámbito lingüístico como

---

[19] Saville-Troike, 2003, p.2.

[20] Hymes, 1972a. Los componentes de la plantilla serán posteriormente descritos de manera más comprensible por Farah, 1997, p.26.

[21] Una aplicación práctica de la plantilla de Hymes en el diseño UX conversacional puede encontrarse en línea Martínez Carrillo, 2018.

[22] Hymes, 1972b.

## 1.5 Etnografía de la Comunicación

en el de las relaciones sociales, para comunicarse en una determinada comunidad de habla de acuerdo con sus prácticas comunicativas. Para ello, Hymes emplea la distinción de Chomsky entre:

- **Competencia:** la capacidad idealizada del hablante para producir enunciados gramaticalmente correctos.

- **Actuación:** el comportamiento lingüístico del hablante en la práctica[23].

La teoría lingüística formalista chomskiana se caracteriza por:

1. Emplear las nociones de competencia, hablante-oyente y comunidad de habla en un plano idealizado y abstraído completamente del contexto de uso.

2. Entender la competencia lingüística como una especie de «realidad mental», totalmente controlada por el hablante-oyente ideal, en la que se genera el conocimiento gramatical del lenguaje y la actuación lingüística como la aplicación imperfecta de dicha competencia.

3. Considerar los errores comunes de la lengua oral (como, por ejemplo, los falsos comienzos y las dubitaciones) como desviaciones de la norma gramatical[24].

 **La Gramática Universal de Chomsky**

El enfoque formalista se encuentra conectado con las ideas innatistas sobre la adquisición de la lengua materna, expresados por Chomsky en su libro de 1986 titulado Knowledge of Language.

En esta obra, el autor observa que, paradójicamente, los niños son capaces de aprender su lengua materna de manera sorprendentemente rápida y efectiva, aun partiendo de inputs incompletos y deficientes.

En su opinión, tal comportamiento constituye la prueba infalible de que los seres humanos nacen dotados de un conjunto de principios innatos, que denomina Gramática Universal, cuya función es servir de guía en la adquisición del lenguaje.

En contraste con la teoría lingüística formalista de Chomsky, Hymes parte de dos presuposiciones básicas en su enfoque funcional:

---

[23]Chomsky, 1965.
[24]Chomsky, 1965, p.7.

1. La idea de que todos los miembros de una comunidad de habla demuestran no contar con el mismo nivel de competencia en lo que respecta al uso del lenguaje.

2. La idea de que el contexto interactivo afecta a la manera en la que los individuos aplican su competencia en cada momento[25].

Este punto de partida desarrolla una teoría de la comunicación centrada en:

- La diversidad de competencia presente en la actuación de los individuos.

- Las características del contexto sociocultural en el que se producen los eventos comunicativos[26]. El contexto siempre influye en la actuación de los usuarios de la lengua, por lo que el investigador siempre deberá tenerlo en cuenta en la evaluación de la adecuación de los actos de habla[27].

La importancia del contexto en la Etnografía de la Comunicación revierte en la articulación de una teoría de la adquisición de la lengua materna radicalmente opuesta al innatismo de Chomsky. Concretamente, Hymes plantea la idea de que:

- Los niños adquieren, además del conocimiento de lo que es correcto o no gramaticalmente, el conocimiento de lo que es adecuado o no socioculturalmente (cuándo hablar o cuándo no hacerlo, de qué hablar y con quién, cuándo, dónde y de qué forma).

- Esto, a su vez, implica la internalización de una serie de valores, actitudes y motivaciones sobre la lengua y su uso[28].

---

[25]Hymes, 1972b, p.275.
[26]Hymes, 1972b, p.271.
[27]Hymes, 1972b, p.274-275.
[28]Hymes, 1972b, p.277-278.

 **El Concepto de Competencia Comunicativa**

Partiendo de un enfoque lingüístico funcional en el que el contexto y la adquisición del uso del lenguaje juegan un papel fundamental, Hymes propone el concepto de competencia comunicativa como una noción que engloba:

- **La competencia lingüística:** el conocimiento del código de la lengua.

- **La competencia sociocultural:** el conocimiento de qué decir, a quién y cómo decirlo en un contexto concreto, en cuya realización, los usuarios de la lengua siempre deben tener en cuenta:

    - Si algo es formalmente posible y en qué grado.
    - Si algo es factible en relación con los medios de los que se dispone, y en qué grado.
    - Si algo es apropiado en relación con el contexto en que se usa, y en qué grado.
    - Si algo es un hecho real, producto de una actuación, y en qué grado[29].

El mayor impacto del enfoque de Hymes es el hecho de que las nociones de competencia y actuación adquieren una nueva dimensión.

- **Competencia:** se redefine como el conocimiento tácito y la habilidad de uso, lo que abre las puertas a la explicación de la adquisición del lenguaje mediante factores como, por ejemplo, la motivación[30].

- **Actuación:** deja de identificarse, simplemente, con el comportamiento del usuario en una situación determinada. De esta manera, pasa a considerarse el punto de intersección entre:

    - La competencia del individuo (el conocimiento tácito y la habilidad de uso).
    - La competencia de sus interlocutores.
    - Los patrones y las dinámicas del evento comunicativo en el que participa[31].

---

[29] Hymes, 1972b, p.281.
[30] Hymes, 1972b, p.282-283.
[31] Hymes, 1972b, p.283.

### 1.5.4. Influencias en la Lingüística Aplicada y el Análisis de la Conversación

En los años 70 del siglo XX, en un momento en el que los investigadores del campo de la Lingüística Aplicada y los docentes de segundas lenguas se encontraban buscando alternativas a los métodos tradicionales basados en la gramática, la traducción y los enfoques audiolinguales, la teoría de la competencia comunicativa de Hymes se convirtió en el marco teórico del nuevo enfoque comunicativo de enseñanza de lenguas extranjeras.

> **Enfoque Comunicativo de Enseñanza de Lenguas Extranjeras**
>
> Se trata de un enfoque pedagógico que pone énfasis en la capacidad del estudiante para utilizar el idioma de manera efectiva en situaciones reales de comunicación, en lugar de, simplemente, centrarse en la memorización del vocabulario y las reglas gramaticales. El objetivo principal es que el aprendiente logre comunicarse de manera efectiva en la segunda lengua en situaciones comunicativas variadas.

En lo que se refiere al AC, la influencia de la Etnografía de la Comunicación en esta disciplina se manifiesta en varios aspectos:

- **Contextualización y significado:** Hymes enfatizó que la comunicación no se puede entender únicamente examinando las palabras y las frases utilizadas en una conversación. Esto condujo a un enfoque más contextualizado en el AC, donde se considera el significado en función del contexto.

- **Elementos pragmáticos y sociolingüísticos:** el concepto de competencia comunicativa incorpora elementos pragmáticos y sociolingüísticos en el AC. Esto llevó a que ciertas corrientes del AC no solo se centren en la estructura interactiva, sino que también se preocupen por cómo afectan las estrategias de comunicación, las normas sociales y las variables sociolingüísticas a la interacción verbal.

- **Interacción y poder:** la competencia comunicativa de Hymes también aborda cuestiones de poder y desigualdad en la comunicación. Reconoce que las personas tienen diferentes niveles de competencia comunicativa y que esto puede influir en la dinámica de poder en una conversación. El AC ha adoptado esta perspectiva al examinar cómo se manifiestan las relaciones de poder en el discurso, especialmente, cuando se tratan conversaciones médico-paciente o producidas en ambientes laborales.

## 1.5.5. Aplicaciones en la Inteligencia Artificial Generativa

La Etnografía de la Comunicación, una disciplina que explora las complejidades de la interacción verbal en contextos culturales y sociales, cuenta con la capacidad de dejar una huella significativa en el desarrollo de la IAG conversacional. Esta influencia se manifiesta en una serie de principios y enfoques que pueden enriquecer la capacidad de los modelos para mantener conversaciones más auténticas y efectivas con los usuarios. A continuación, se presentan los puntos que consideramos clave.

- **Contexto significativo:** la Etnografía de la Comunicación destaca la importancia del contexto en la interpretación del lenguaje. La IAG debe considerar el contexto, además de crear una definición consistente para el mismo, para proporcionar respuestas más relevantes y significativas en las conversaciones.

- **Normas sociales y culturales:** los principios de la Etnografía de la Comunicación hacen hincapié en la comprensión y aplicación de las normas sociales y culturales en la comunicación. Los sistemas de conversación deben ser sensibles a estas normas para evitar respuestas inapropiadas.

- **Variables sociolingüísticas:** la Etnografía de la Comunicación reconoce la influencia de variables como el dialecto y el nivel de formalidad en la interacción verbal. La IAG debe aplicar estas variables para comunicarse efectivamente con diversos usuarios.

- **Dinámicas de poder:** la competencia comunicativa también aborda cuestiones de poder en la comunicación. Los sistemas conversacionales deben ser diseñados para evitar sesgos y discriminación, fomentando interacciones justas y equitativas.

- **Respuestas reales y contextuales:** los principios de la Etnografía de la Comunicación lleva a sistemas de conversación que generan respuestas que tienen en cuenta el contexto y las prácticas comunicativas adecuadas, lo que resulta en interacciones más auténticas y efectivas.

- **Conciencia cultural:** para ser efectivos, los modelos de IAG deben demostrar una comprensión sólida de las diferencias culturales en la comunicación. Esto implica adaptarse a las peculiaridades culturales y sociales de los usuarios.

- **Aprendizaje continuo:** la competencia comunicativa se desarrolla con el tiempo y la experiencia. Los sistemas conversacionales deben ser capaces de adquirir y mejorar su compentencia comunicativa a medida que interactúan con más usuarios y contextos.

- **Competencia comunicativa en modelos:** el concepto de competencia conversacional puede aplicarse en la IAG conversacional como el conocimiento del sistema sobre la lengua que engloba, además de la competencia lingüística, el conocimiento de qué decir, a quién y cómo decirlo en contexto concreto. Para ello, el sistema debe ser consciente de la posibilidad de realización, la factibilidad y la realidad de los datos que maneja[32].

Con la exposición de las aplicaciones de las Etnografía de la Comunicación a la IAG finalizamos el presente capítulo. A continuación, el lector puede revisar los conceptos principales y las referencias bibliográficas del capítulo antes de adentrarse en las peculiaridades empíricas del AC.

## 1.6. Conceptos Principales

- **Harvey Sacks:** sociólogo estadounidense influido por la tradición etnometodológica, pionero en el estudio detallado de la conversación natural y fundador del AC.

- **Interaccionismo simbólico:** perspectiva sociológica centrada en el estudio de cómo las personas construyen significados y atribuyen símbolos en sus interacciones sociales, especialmente, en el contexto de la comunicación y las interacciones cara a cara.

- **Imagen:** encapsulación de las acciones con valor positivo que las personas exhiben en las interacciones sociales para preservar su identidad social.

- **Ritual:** conjunto de prácticas comunicativas como saludos, manifestaciones de aprecio, evitación o despedidas que tienen como objetivo mantener una imagen social positiva y facilitar la comunicación.

- **Enfoque émico:** perspectiva antropológica que se adentra en las creencias y prácticas de una cultura desde la perspectiva interna de quienes la viven, buscando entender su significado cultural según la percepción de los propios participantes.

---

[32]En la IAC, el concepto de competencia comunicativa en sistemas ha sido empleado anteriormente por Moore y Aral, 2019.

- **Enfoque ético:** perspectiva antropológica externa que observa una cultura desde fuera, centrándose en los comportamientos y prácticas observables y buscando entenderlos en términos de su función o evolución, a menudo utilizando medidas estandarizadas y marcos de referencia externos.

- **Etnografía de la Comunicación:** enfoque creado por Hymes que combina la lingüística y la antropología para analizar las formas de comunicación en una sociedad, considerando el contexto sociocultural y las normas lingüísticas.

- **Comunidad del habla:** grupo de individuos que comparten un código lingüístico y normas de interacción social comunes.

- **Actos comunicativos:** enunciados expresados durante interacciones cotidianas cuyo significado completo solo es accesible a través del contexto en el que se producen.

- **Prácticas comunicativas:** Actos, eventos y situaciones comunicativas habituales en una comunidad de habla, junto con las normas de uso e interpretación que los miembros deben seguir.

- **Modelo SPEAKING:** acrónimo que representa los componentes esenciales de la interacción lingüística en una situación comunicativa: Setting, Participants, Ends, Acts, Key, Instrumentalities, Norms y Genre.

- **Competencia comunicativa:** conocimiento y habilidades necesarios para comunicarse efectivamente en una comunidad de habla, incluyendo aspectos lingüísticos y socioculturales.

# Referencias Bibliográficas

Austin, J. L.
   (1962).
   *How to Do Things with Words.*
   Clarendon Press.

Chomsky, N.
   (1965).
   *Aspects of the theory of syntax.*
   MIT Press.

Farah, I.
   (1997).

*Ethnography of communication* (N. H. Homberger & D. Corson, Eds.). *Encyclopedia of Language and Education: Research Methods in Language and Education, 8,*
125-133.

Garfinkel, H.
>(1967).
>>*Studies in ethnomethodology.*
>Prentice Hall.

Goffman, E.
>(1957).
>>*Alienation from interaction.*
>*Human relations, 10*(1),
>47-60.

Goffman, E.
>(1959).
>>*The presentation of self in everyday life.*
>Anchor Books.

Goffman, E.
>(1967).
>>*Interaction Ritual: Essays on Face-to-Face Behavior.*
>Penguin Books.

Goffman, E.
>(1971).
>>*Relations in Public: Microstudies of the Public Order.*
>Harper.

Goffman, E.
>(1981).
>>*Forms of Talk.*
>University of Pennsylvania Press.

Gumperz, J. J.
>(1978).
>>*The conversational analysis of interethnic communication.*
>En E. L. Ross (Ed.),
>*Interethnic communication* (pp. 13-31).
>University of Georgia Press.

Gumperz, J. J.
>(1982).

# REFERENCIAS BIBLIOGRÁFICAS

*Discourse Strategies.*
Cambridge University Press.

Gumperz, J. J., & Hymes, D. (
(1972).
*Directions in sociolinguistics: The ethnography of communication.*
Holt, Rinehart; Winston.

Hymes, D.
(1962).
*The ethnography of speaking.*
En T. Gladwin & W. Sturtevant (Eds.),
*Anthropology and human behavior* (pp. 13-53).

Hymes, D.
(1964).
*Introduction: Toward Ethnographies of Communication 1.*
*American anthropologist, 66*(6),
1-34.

Hymes, D.
(1972a).
*Models of the interaction of language and social life.*
En J. J. Gumperz & D. Hymes (Eds.),
*Directions in sociolinguistics: The ethnography of communication* (pp. 35-71).
Holt, Rinehart; Winston.

Hymes, D.
(1972b).
*On communicative competence.*
En J. Pride & J. Holmes (Eds.),
*Sociolinguistics* (pp. 269-293).
Penguin.

Martínez Carrillo, M. C.
(2018).
*Aspectos socioculturales del diseño UX conversacional.*

Martínez Carrillo, M. C.
(2021).
*Conversar en español: un enfoque desde el Análisis de la Conversación.*
Peter Lang.

Moore, R. J., & Aral, R.
(2019).

*Conversational UX Design: A Practitioner's Guide to the Natural Conversation Framework.*

Association for Computer Machinery Books.

Parsons, T.

(1937).

*The Structure of Social Action.*

McGraw-Hill.

Sacks, H.

(1972).

*Notes on police assessment of moral character.*

*Studies in Social Interaction,*

280-293.

Sacks, H., & Garfinkel, H.

(1970).

*On formal structures of practical action* (J. C. McKinney & E. A. Tiryakian, Eds.),

338-366.

Sacks, H., Jefferson, G., & Schegloff, E. A.

(1992).

*Lectures on conversation: Volume I.*

Blackwell Publishing.

Saville-Troike, M.

(2003).

*The ethnography of communication: An introduction.*

Blackwell Publishing.

Searle, J. R.

(1969).

*Speech Acts: An Essay in the Philosophy of Language.*

Cambridge University Press.

# CAPÍTULO 2

# La Ciencia del Análisis de la Conversación

## 2.1. Revisión Rápida

- ¿Qué es el Análisis de la Conversación?
- Procesos de Razonamiento Tácito
  - Aplicaciones a la IAG
- El Enunciado como Acción
  - Aplicaciones a la IAG
- El Principio de Organización Secuencial
  - Aplicaciones a la IAG
- Conceptos Principales
- Referencias Bibliográficas[1]

---

[1] Este capítulo expande los contenidos recogidos en Martínez Carrillo, 2021, p.54-57 sobre el AC para la IAG.

## 2.2. ¿Qué es el Análisis de la Conversación?

 **Análisis de la Conversación**

El AC representa una corriente de corte sociolingüístico que se ocupa del análisis sistemático del habla interactiva natural grabada y transcrita.

Esta disciplina analiza lo que se conoce bajo la denominación de *habla interactiva* o *habla-en-interacción* y, más concretamente, *conversación cotidiana, espontánea* o *natural*.

 **Conversación**

En el AC, la conversación se considera el resultado de la producción verbal de una serie de mensajes alternos por parte de un hablante y un oyente. A través de dicha producción, se materializan las *prácticas sociales e interactivas* compartidas por los miembros de una misma comunidad lingüística que colaboran con el objetivo de alcanzar una comunicación ordenada y significativa[2]

En el estudio de la conversación cotidiana, el AC parte de tres presuposiciones teóricas que lo diferencian de otras disciplinas sociolingüísticas y que se encuentran interconectadas:

1. La importancia de los procesos de razonamiento tácito en la creación de significado durante la interacción.

2. La consideración de los enunciados como acciones.

3. El principio de organización secuencial en la conversación.

En los siguientes apartados, pasamos a ocuparnos de estas tres presuposiciones teóricas y de sus potenciales aplicaciones en el campo de la IAG conversacional.

---
[2]Sacks et al., 1992a, p.3-11.

## 2.3. Procesos de Razonamiento Tácito

Por influencia de la Etnometodología de Garfinkel, Sacks considera que los interlocutores extraen significado de las conversaciones en las que toman parte mediante la aplicación sistemática de una serie de *procesos de razonamiento tácito* que siguen un orden y que garantizan la adecuada producción del habla natural[3].

> **🗝 Razonamiento Tácito - «Sabemos más de lo que podemos explicar»**
>
> El razonamiento tácito se basa en el conocimiento del mismo tipo, también conocido como *conocimiento implícito*. Se trata de un concepto acuñado por el científico y filósofo Michael Polanyi y se refiere a la comprensión y habilidades que poseemos, pero que son difíciles de comunicar de manera verbal o visual[4]. Este tipo de conocimiento se caracteriza por ser completa o parcialmente inexplicable y su adquisición se basa en la experiencia directa, la acción, la intuición y la interacción personal.
>
> El conocimiento tácito incluye elementos como ideas, experiencias, habilidades, costumbres, valores, creencias y más. Se divide en dos dimensiones:
>
> 1. **Técnica:** conocida también como know-how.
>
> 2. **Cognitiva:** abarca modelos mentales, percepciones, valores y esquemas que influyen en la forma de pensar y actuar de una persona.
>
> La principal característica del conocimiento tácito es que su transmisión y adquisición dependen de la interacción directa y personal con aquellos que lo poseen. No se puede transferir de manera efectiva sin esfuerzos creativos que lo expresen a través de metáforas, símbolos heurísticos, analogías y otros medios. El conocimiento tácito se aplica principalmente a través de la práctica y se desarrolla en comunidades de conocimiento, ya sea de manera informal, interactiva o grupal.

Partiendo del reconocimiento de la existencia de procesos de razonamiento tácito, el AC busca explicar la naturaleza de la parte del pensamiento racional que el participante debe poner en práctica, junto a una serie de competencias sociolingüísticas, para:

- Dotar de significado los enunciados de su interlocutor.

---
[3] Sacks et al., 1992a, p.72-80.
[4] Polanyi, 1966.

- Adaptar el contenido de sus enunciados al desarrollo de la interacción en marcha [5].

### 2.3.1. Aplicaciones en la Inteligencia Artificial Generativa

El reconocimiento y la explotación de los procesos de razonamiento tácito en la IAG conversacional ofrece la posibilidad de crear sistemas de conversación más sofisticados y contextualmente sensibles. Esto mejoraría la calidad de las interacciones entre humanos y sistemas, acercándonos a una comunicación más natural y efectiva. A continuación, exponemos cuatro posibles aplicaciones.

- **Mejora de la comprensión contextual:** los sistemas de conversación pueden mejorar sus capacidades para extraer significado a partir del contexto conversacional atendiendo no solo al contenido semántico de las oraciones, sino también a factores situacionales (como el conocimiento previo que comparten con el usuario o el tipo de relación que establecen con él).

- **Generación de respuestas contextualizadas:** al comprender de manera más profunda el contexto, los sistemas podrían producir respuestas más coherentes como fruto de un mayor conocimiento implícito y la consideración de la influencia de conversaciones previas en la interacción en marcha.

- **Adaptación dinámica de las respuestas:** la adaptación del contenido de las respuestas a medida que avanza la conversación es esencial para que la interacción sea efectiva. Los sistemas conversacionales deben ser capaces de adaptar sus respuestas al desarrollo de la interacción en curso. Esto implica entender no solo lo que se dice, sino también lo que se quiere comunicar y cómo encaja en el contexto en marcha.

- **Modelado de conocimiento del usuario:** los sistemas conversacionales deben captar las preferencias, creencias, valores y experiencias del usuario de manera más profunda. El modelado de este tipo de conocimiento permitiría a los sistemas personalizar las interacciones y las respuestas de manera más efectiva.

## 2.4. El Enunciado como Acción

La consideración del enunciado como acción representa el segundo principio teórico en el que se basa el AC. Su origen se encuentra en el hecho de que Sacks reconociera la

---
[5]Ten Have, 1999, p.41–42, Hutchby y Wooffitt, 2008, p.12.

## 2.4 El Enunciado como Acción

conversación como un proceso consciente, lo que le llevó a mostrar más interés por el estudio de los enunciados como *acciones u actos de habla*, que como unidades léxicas o gramaticales[6].

---

[6]Sacks et al., 1992b, p.93.

 ## Acto de habla

El acto de habla se define como la unidad básica de la comunicación lingüística que implica la realización de una acción, como ordenar, pedir, afirmar o prometer, entre otros. Esta concepción del lenguaje se originó en las investigaciones sobre Pragmática de Austin y fue desarrollada por su discípulo Searle[7].

Un acto de habla involucra tres dimensiones simultáneas:

1. **El acto locutivo:** el acto físico de emitir el enunciado.
2. **El acto ilocutivo:** la intención o función comunicativa.
3. **El acto perlocutivo:** el efecto en el interlocutor.

Según esta teoría, los enunciados no solo sirven para expresar proposiciones descriptivas, sino también para realizar acciones lingüísticas específicas, como dar órdenes o hacer promesas. La realización de estos actos está sujeta a reglas convencionales que Searle denomina «condiciones de felicidad».

Los actos de habla se agrupan en cinco categorías:

1. **Asertivos:** afirman algo sobre la realidad.
2. **Directivos:** influyen en la conducta del interlocutor.
3. **Compromisivos:** condicionan la conducta futura.
4. **Expresivos:** manifiestan sentimientos o actitudes.
5. **Declarativos:** modifican la realidad.

Además, Searle introdujo el concepto de *acto de habla indirecto* para casos en los que la forma lingüística no coincide directamente con la intención comunicativa (por ejemplo, en el caso de una pregunta que en realidad es una sugerencia). Esta teoría ha tenido un impacto central en la Lingüística, al derivarse de ella la mayoría de las corrientes que se centran en la función y la intención comunicativa de los enunciados.

---

[7] Austin, 1962, Searle, 1969.

## 2.4 El Enunciado como Acción

Siguiendo el enfoque de la Teoría de los Actos de Habla, el AC considera que los hablantes diseñan sus intervenciones con el objetivo de cumplir una determinada actividad o *intención comunicativa* mediante su habla. Dicha intención comunicativa puede ser, por ejemplo, saludar, despedirse, corregir la emisión del interlocutor contrario, expresar un cumplido, quejarse, materializar una petición, dar paso a la narración de una historia, etc. A través de los libros de esta serie, nos ocupamos de los más relevantes en la interacción conversacional humano-sistema.

En el intercambio conversacional, las acciones se encadenan entre ellas conformando *secuencias de acciones*. Estas se caracterizan por:

- **Aspectos lingüísticos:** cuentan con uniformidad pragmática, estructural, cohesiva y temática.

- **Aspectos sociales:** también se encuentran subordinadas a una serie de procedimientos, métodos y recursos de los que los hablantes disponen y hacen uso como miembros de una determinada comunidad lingüística[8].

Uno de los objetivos del AC es describir detalladamente la forma y la función de las secuencias de acciones que conforman la conversación cotidiana, priorizando su enfoque en el plano pragmático sobre el lingüístico.

 **Pragmática**

La Pragmática, también Pragmalingüística, representa una rama de la Lingüística que se enfoca en comprender cómo el contexto afecta la interpretación del significado en el lenguaje. Esto incluye aspectos tanto lingüísticos como situacionales, como el estatus comunicativo y las relaciones interpersonales.

La Pragmática reconoce que las oraciones tienen un contenido semántico, pero su interpretación adecuada depende del contexto específico. Esto puede resultar en interpretaciones diversas, como literales, irónicas o metafóricas. La Pragmática analiza cómo los hablantes utilizan el lenguaje en la comunicación, considerando tanto lo que se dice como de qué manera se dice y lo que se pretende comunicar, involucrando conceptos como la referencia y la inferencia.

---

[8]Cestero Mancera, 2005, p.53, E. A. Schegloff, 2007, p.249.

>  **Cohesión textual**
>
> La cohesión textual se refiere a la propiedad que permite que cada enunciado de un texto se relacione e interprete en función de los demás, logrando conexión y unidad entre las distintas palabras, enunciados y secuencias del texto conversacional[9].
>
> Esta conexión se puede establecer mediante:
>
> - **Mecanismos gramaticales:** incluyen la concordancia gramatical, género y número, así como conectores y nexos oracionales que guían la interpretación de las oraciones en relación con otras dentro del discurso.
>
> - **Mecanismos discursivos:** involucran estrategias como la sustitución por sinónimos, hiperónimos, pronombres, palabras de la misma familia léxica, elipsis y repeticiones, además de conectores y marcadores del discurso que ayudan a mantener la coherencia y comprensión global del texto.

## 2.4.1. Aplicaciones en la Inteligencia Artificial Generativa

La consideración en el AC del enunciado como acción ofrece valiosas aplicaciones en el ámbito de la IAG conversacional. Los sistemas de conversación automatizados deben abordar el lenguaje no solo como un medio de expresión de proposiciones descriptivas, sino también como una herramienta para realizar acciones específicas dentro de un determinado contexto interactivo. A continuación, presentamos algunas aplicaciones de este enfoque.

- **Mejora de la intención comunicativa:** la correcta interpretación de las acciones lingüísticas de los enunciados con sus intenciones específicas dotaría a los sistemas conversacionales de la capacidad de poder adaptar sus respuestas de manera más precisa a la intención del interlocutor.

- **Generación de respuestas contextualmente apropiadas:** la comprensión de la función comunicativa de los enunciados en su contexto conversacional haría posible que los sistemas pudieran adaptar sus respuestas de acuerdo con las acciones lingüísticas previas. Esto mejoraría la fluidez y coherencia de la interacción.

---

[9]Halliday y Hassan, 1976.

- **Identificación de actos de habla indirectos:** la consideración de los actos de habla indirectos, en los cuales la forma lingüística no guarda una relación directa con la intención comunicativa, permitiría a los sistemas de conversación detectar y manejar, de manera más efectiva, este tipo de expresiones.

- **Modelado de secuencias de acciones conversacionales:** los sistemas conversacionales deben modelar las secuencias de acciones en las respectivas situaciones comunicativas en las que se producen para ser capaces de anticiparlas e interactuar según sus normas de manera más efectiva.

- **Dimensiones pragmáticas de la lengua:** Los sistemas de conversación pueden enfocarse en la comprensión de los aspectos pragmáticos de la comunicación, como la intención, la función y el efecto en el interlocutor.

## 2.5. El Principio de Organización Secuencial

A pesar de la gran importancia que los procesos de razonamiento tácito y las acciones cuentan en el aparato teórico del AC, en la práctica, es el principio de organización secuencial el concepto central sobre el que se fundamenta la disciplina.

Con este principio, Sacks, Schegloff y Jefferson hacen referencia a los siguientes hechos:

- La conversación constituye una acción interactiva secuencialmente estructurada.

- Esto significa que:

  - Los enunciados de interlocutores alternos se encuentran unidos entre sí por lazos pragmáticos, estructurales y cohesivos.

  - Los enunciados solo tienen sentido cuando se interpretan en secuencia, es decir, cuando cada enunciado se considera, a la vez, una respuesta al turno precedente y una anticipación del turno siguiente[10].

- La conversación constituye, por tanto, un logro interactivo de los interlocutores que, de manera colaborativa, aplican una serie de *prácticas de organización secuencial* que aseguran la correcta interpretación mutua de los enunciados y las acciones materializadas por estos[11].

---

[10] Sacks et al., 1974, p.729.
[11] E. A. Schegloff, 1995.

Para el AC, la existencia de este orden secuencial exige el estudio de las conversaciones desde el punto de vista de los participantes y no del investigador:

> We have proceeded under the assumption [...] that in so far as the materials we worked with [conversations] exhibited orderliness, they did so not only to us, indeed not in the first place for us, but for the co-participants who had produced them. If the materials [...] were orderly, they were so because they had been methodically produced by members of society for one to another, and it was a feature of the conversations we treated as data that they were produced so as to allow the display by the co-participants to each other of their orderliness, and to allow the participants to display to another their analysis, appreciation and use of that orderliness.
> (E. Schegloff y Sacks, 1973, p.290)

La secuencialidad del habla pone de manifiesto dos procesos fundamentales no solo de la conversación, sino del conocimiento humano en general:

1. La comprensión de los individuos sobre el significado de los enunciados se va completando a medida que avanza la secuencia de acciones.

2. Los enunciados se encuentran predeterminados por la orientación de los participantes a organizar sus interacciones sociales y no por sus creencias, preferencias personales o estados psicológicos[12].

De esta manera, el AC surge con el objetivo prioritario de desentrañar la manera en la que la organización secuencial de la conversación revierte en el establecimiento de *intersubjetividad* entre los participantes. Esta noción se entiende no como una categoría externa al individuo, sino como un proceso interno inherente a los miembros de una determinada sociedad [13].

## 2.5.1. Aplicaciones en la Inteligencia Artificial Generativa

El principio de organización secuencial proporciona un marco sólido para avanzar la comprensión y generación de lenguaje en sistemas de conversación automatizados.

---

[12]E. A. Schegloff, 1992.

[13]En el libro dedicado a las secuencias laterales, nos ocuparemos en profundidad del concepto de intersubjetividad en el AC.

Teniendo en cuenta que la conversación se encuentra estructurada secuencialmente, los sistemas pueden crear conversaciones que muestren un mayor grado de cohesión interna y que resulten, contextualmente, más relevantes para los usuarios. A continuación, presentamos algunas aplicaciones de este principio:

- **Secuencialidad contextual:** el modelaje de cada enunciado como una respuesta al turno precedente y una anticipación del turno siguiente ayuda a los sistemas de conversación a contextualizar mejor las respuestas y mejorar la coherencia en las conversaciones.

- **Orientación hacia la organización secuencial:** la orientación de los participantes a organizar sus interacciones sociales puede aplicarse para comprender y anticipar las necesidades de los usuarios en sistemas de conversación. Los sistemas pueden adaptar sus respuestas y acciones en función de la orientación secuencial de los usuarios, resultando en interacciones más efectivas.

- **Interacción contextualmente cohesiva:** la secuencialidad también se relaciona con la cohesión de la conversación. Los sistemas de conversación pueden aplicar este principio para garantizar que los enunciados estén conectados de manera coherente y estructurada, mejorando la fluidez de la interacción.

Con la presentación de las aplicaciones del principio de secuencialidad a la IAG conversacional cerramos este capítulo. Antes de familiarizarse con los principios teóricos y metodológicos del AC, el lector puede revisar todavía los conceptos principales y la bibliografía de este capítulo.

## 2.6. Conceptos Principales

- **Análisis de la Conversación:** corriente sociolingüística enfocada en el estudio sistemático del habla interactiva, natural, registrada y transcrita.

- **Conversación:** habla interactiva en la que un hablante y un oyente despliegan una serie de prácticas sociales e interactivas para lograr una comunicación ordenada y significativa.

- **Pensamiento tácito:** conocimiento implícito adquirido a través de la experiencia directa y la interacción personal.

- **Acto de habla:** unidad básica de la comunicación lingüística que implica la realización de una acción específica, como dar órdenes, hacer promesas o afirmar algo.

- **Acto de habla indirecto:** tipo de acto de habla en el que no hay una interrelación directa entre la forma lingüística y la intención comunicativa.

- **Intención comunicativa:** la finalidad con la que un hablante utiliza el lenguaje al llevar a cabo un acto de habla.

- **Pragmática:** rama de la lingüística que se enfoca en entender cómo el contexto influye en la interpretación del significado en el lenguaje.

- **Cohesión:** propiedad que permite que cada enunciado en un texto esté relacionado y se interprete en relación con otros.

- **Principio de organización secuencial:** principio según el cual los enunciados se relacionan y adquieren significado en función de su orden secuencial interactivo en el que se presentan en la conversación.

## Referencias Bibliográficas

Austin, J. L.
- (1962).
    - *How to Do Things with Words*.
- Clarendon Press.

Cestero Mancera, A. M.
- (2005).
    - *Conversación y enseñanza de lenguas extranjeras*.
- Arco/Libros.

Halliday, M., & Hassan, R.
- (1976).
    - *Cohesion in English*.
- Longman.

Hutchby, I., & Wooffitt, R.
- (2008).
    - *Conversation Analysis*.
- Polity Press.

Martínez Carrillo, M. C.
- (2021).
    - *Conversar en español: un enfoque desde el Análisis de la Conversación*.
- Peter Lang.

# REFERENCIAS BIBLIOGRÁFICAS

Polanyi, M.
(1966).
*The Tacit Dimension.*
Doubleday.

Sacks, H., Jefferson, G., & Schegloff, E. A.
(1992a).
*Lectures on conversation: Volume I.*
Blackwell Publishing.

Sacks, H., Jefferson, G., & Schegloff, E. A.
(1992b).
*Lectures on conversation: Volume II.*
Blackwell Publishing.

Sacks, H., Schegloff, E. A., & Jefferson, G.
(1974).
*A simplest systematics for the organization of turn-taking for conversation.*
Language, 50(4),
696-735.

Schegloff, E., & Sacks, H.
(1973).
*Opening up closings.*
Semiotica, 8(4),
289-327.

Schegloff, E. A.
(1992).
*Repair after next turn: The last structurally provided defense of intersubjectivity in conversation.*
American Journal of Sociology, 97(5),
1295-1345.

Schegloff, E. A.
(1995).
*Discourse as an interactional achievement: the omnirelevance of action.*
Research on Language and Social Interaction, 28(3),
185-211.

Schegloff, E. A.
(2007).
*Sequence Organization in Interaction: A Primer in Conversation Analysis I.*
Cambridge University Press.

Searle, J. R.
> (1969).
>> *Speech Acts: An Essay in the Philosophy of Language.*
>
> Cambridge University Press.

Ten Have, P.
> (1999).
>> *Doing conversation analysis: a practical guide.*
>
> Sage Publications.

# CAPÍTULO 3

# Principios Metodológicos del Análisis de la Conversación

## 3.1. Revisión Rápida

- La Noción de Observabilidad en el Análisis de la Conversación
  - Aplicaciones al diseño UX conversacional
- Obtención de Datos Conversacionales
  - Aplicaciones al diseño UX conversacional
- Primera Fase del Análisis: Recopilación de Casos
  - Aplicaciones al diseño UX conversacional
- Segunda Fase del Análisis: Descripción del Fenómeno
  - Aplicaciones al diseño UX conversacional
- Tercera Fase del Análisis: Revisión de la Interpretación
  - Aplicaciones al diseño UX conversacional
- Conceptos Principales
- Referencias Bibliográficas[1]

---

[1] Este capítulo expande los contenidos recogidos en Martínez Carrillo, 2021, p.57-69 sobre el AC para la IAG.

## 3.2. La Noción de Observabilidad en el Análisis de la Conversación

Como estudioso del uso de la lengua en sociedad, uno de los principales intereses de Sacks fue la reconversión de la Sociología en una disciplina *naturalista, inductiva y observacional*. Esto queda reflejado en el contenido de sus primeras investigaciones, en las que expresó su interés por solucionar una serie de cuestiones metodológicas de importancia clave para él[2].

 **Razonamiento Inductivo**

El razonamiento inductivo implica la inferencia de un principio general a partir de una serie de observaciones particulares. En este enfoque, se realizan generalizaciones amplias basadas en observaciones concretas.

Contrasta con el razonamiento deductivo, donde la conclusión de un argumento es definitivamente cierta si las premisas son válidas. En cambio, en el razonamiento inductivo, la verdad de la conclusión se considera probable y se fundamenta en la evidencia proporcionada.

El espíritu revisionista de Sacks se centró, principalmente, en la cuestión de la *observabilidad* de los fenómenos sociales. Esto lo llevó a desarrollar una metodología de recogida y análisis de datos radicalmente divergente a la practicada en el momento por las corrientes más relevantes de la Sociología [3].

---

[2] Sacks, 1963, 1972.
[3] Ten Have, 1999, p.31–32, Hutchby y Wooffitt, 2008, p.21–22.

##  Observación Cualitativa

En el método científico, la observabilidad cualitativa se refiere a la capacidad de recopilar información subjetiva y descriptiva sobre un fenómeno a través de técnicas de observación que no se basan en mediciones cuantitativas. En lugar de utilizar datos cuantitativos, se enfoca en la calidad, las características y las descripciones detalladas de lo que se observa.

La información cualitativa contribuye a una comprensión holística de los sujetos o temas de estudio y puede complementar la observación cuantitativa en la investigación científica. A menudo, se emplea en disciplinas como la Sociología, la Antropología y la Psicología para captar matices y significados profundos.

Sacks criticó intensamente el empeño que, en la Sociología, se invertía en el estudio de nociones subyacentes al comportamiento de los hablantes. Dichas nociones subyacentes se identifican, entre otros, con las creencias, las actitudes, o los factores que influyen en la variación lingüística. Este tipo de fenómenos no pueden describirse correctamente sin el empleo de entrevistas o cuestionarios y el posterior sometimiento de los datos a pruebas estadísticas.

En contraste, alineándose con los investigadores de la Escuela Etnográfica de Chicago, Sacks expresa su total convencimiento de que:

> *social activities are observable; you can see them all around you, and you can write them down... If you think you can see it, that means we can build an observational study.*
> (Sacks et al., 1992a, p.28)

 **Escuela Etnográfica de Chicago**

La escuela de Chicago, también conocida como «Escuela Ecológica», es un importante movimiento de pensamiento en Sociología que surgió en la Universidad de Chicago a principios del siglo XX. Entre 1915 y 1935 se convirtió en una fuerza pionera en el campo de la sociología urbana. En este periodo, conocido como la «Edad de Oro de la Sociología», participaron notables sociólogos cuyas investigaciones se centraron en los entornos urbanos de Chicago, combinando la teoría con el trabajo de campo etnográfico.

La «Primera Escuela de Chicago» se centró en el comportamiento humano moldeado por las estructuras sociales y el entorno físico, haciendo hincapié en que la ciudad sirve de microcosmos para comprender el comportamiento humano. La escuela examinó cómo la urbanización y la movilidad social conducían a problemas sociales contemporáneos, como la falta de vivienda, las viviendas precarias y los bajos salarios.

Más tarde surgió una «Segunda Escuela de Chicago», que incorporó el interaccionismo simbólico y la etnografía a sus métodos de investigación, con estudiosos como Erving Goffman. En general, la escuela de Chicago es conocida por su sociología urbana y su enfoque interaccionista simbólico, que hace hincapié en que el comportamiento humano está más influido por factores sociales y ambientales que por la genética o las características personales[4].

Es necesario mencionar que la relación entre el AC y la Escuela Etnográfica de Chicago no va más allá de la aceptación de la posibilidad de observación de los fenómenos sociales. La razón es que Sacks consideró que la metodología de recopilación de datos y presentación de los resultados de esta escuela no es la más adecuada, debido a que:

- Los etnógrafos confían en el sentido común de los informantes, pero no centran su estudio en ellos.

- Emplean cuestionarios y entrevistas como instrumentos de elicitación de datos.

---

[4]Dos investigaciones representativas de esta escuela son (i) el estudio de Whyte, 1943, en el que observa las dinámicas sociales de una comunidad italiana en un barrio marginal de Boston y (ii) Park, 1952, que adapta los términos de la Ecología a la descripción observacional de las sociedades humanas.

- Dichos datos no se encuentran disponibles para el lector en las investigaciones finales.

> *The difference between [ethnography] and what I'm trying to do is, I'm trying to develop a sociology where the reader has as much information as the author, and can reproduce the analysis. If you ever read a biological paper it will say, for example, «I used such-and-such which I bought at Joe's drugstore». And they tell you just what they do and you can pick it up and see whether it holds. You can re-do the observations. Here I'm showing my materials and others can analyse them as well, and it's much more concrete that the Chicago stuff tended to be.*
> (Sacks et al., 1992a, p.27)

Como puede observase en la cita anterior, la intención última de Sacks era la conversión de la Sociología en una ciencia observacional no solo para el analista, sino también para el resto de la comunidad científica.

### 3.2.1. Aplicaciones al Diseño UX Conversacional

De este enfoque observacional en el que Sacks fundamentó el AC, pueden extraerse una serie de mejores prácticas para la actividad profesional de los diseñadores conversacionales en la nueva era de la IAG. Dichas directrices resaltan la importancia de la observación directa, la transparencia metodológica y el empleo de datos cualitativos. Concretamente, son las siguientes:

- **Aplica la observación cualitativa en el análisis de los datos:** cuando sea posible, combina el análisis cuantitativo con la recopilación de información subjetiva y descriptiva sobre tus datos conversacionales. Las descripciones detalladas son clave para comprender los matices en el diseño UX conversacional, en especial en situaciones de testeo A/B.

- **Emplea el razonamiento inductivo:** aproxímate al análisis de los datos conversacionales con un enfoque de razonamiento inductivo. Infiere principios generales a partir de observaciones particulares, permitiendo generalizaciones amplias basadas en evidencias concretas. La inducción es especialmente útil en el caso del análisis de errores.

- **Usa la observación directa:** en la investigación UX, aboga por la observación directa. Considera que la forma en la que los usuarios interactúan con tus agentes conversacionales es observable y puede registrarse. Presenta en tu equipo la posibilidad de realizar estudios observacionales basados en «lo que se puede ver» en lugar de depender exclusivamente de datos cuantitativos.

- **Diseña metodologías de investigación transparentes:** en tus investigaciones, define una metodología transparente para la recopilación de datos conversacionales, donde tanto tú (como el diseñador conversacional) como el resto de los miembros de tu equipo y colaboradores tengáis acceso a la misma información. Busca la reproducibilidad y la implementación de análisis concretos.

- **Convierte el análisis en una actividad observacional:** aboga por la necesidad de convertir el análisis de los datos conversacionales en una ciencia observacional no solo para los diseñadores conversacionales, sino también para toda la comunidad que trabaja en la IAG conversacional.

Una vez expuestas las mejores prácticas del enfoque observacional en el diseño UX conversacional, en el siguiente apartado, pasamos a detallar la metodología de obtención de datos que Sacks y sus colaboradores más cercanos desarrollaron, durante los primeros años de andadura del AC, con el objetivo de cumplir sus intereses teóricos.

## 3.3. Obtención de datos conversacionales

El principal pilar metodológico del AC viene dado por el estudio de conversaciones naturales que han sido grabadas en contextos reales. Esto viene dado en base al objetivo último de la disciplina: la descripción de las prácticas interactivas que emplean los miembros de una determinada comunidad lingüística para comunicarse de manera efectiva y significativa.

El uso de conversaciones naturales como fuente de datos para la investigación constituyó una práctica revolucionaria para su tiempo. La razón de esto es que, en aquel momento, la mayoría de los lingüistas, por influencia de las teorías formalistas chomskianas, se encontraban centrados en estudiar la estructura sintáctica de la lengua a través de ejemplos inventados[5].

Sin embargo, Sacks considera que este modo de trabajar no resulta válido en el estudio de la conversación, fundamentalmente, porque los propios hablantes de la lengua no cuentan con la capacidad de reproducir su organización secuencial con el mismo nivel de calidad que pueden reconstruir las propiedades sintácticas de los enunciados:

---
[5]Chomsky, 1965.

## 3.3 Obtención de datos conversacionales

> *It happens to be perfectly reasonable for linguistics and philosophy to proceed by considering: «Well, let's take a certain locution, a sentence. Would anybody say that? If they say it would we figure it was grammatical? or a puzzle? or not?» [...] One can invent new sentences and feel comfortable with them. One cannot invent new sequences of conversation and feel comfortable about them. You may be able to take «a question and an answer», but if we have to extend it very far, then the issue of whether somebody would really say that, after, say, the fifth utterance, is one which we could not confidently argue. One doesn't have a strong intuition for sequencing conversation.*
> (Sacks et al., 1992b, p.5)

Dicho posicionamiento lleva al autor a desarrollar su propio método de recogida de datos, de naturaleza *observacional no participativa*. Esta consiste en la grabación de conversaciones espontáneas en sus contextos reales de producción.

En opinión de Sacks[6], las grabaciones cuentan con tres ventajas indiscutibles en comparación con las técnicas observacionales comúnmente empleadas por los etnógrafos y los antropólogos culturales:

1. La totalidad del evento comunicativo queda documentado de manera muy cercana a como sucedió originalmente.

2. El analista puede examinar las veces que desee las conversaciones.

3. Los datos pasan a formar parte de la investigación quedando disponibles también para el lector.

En lo que se refiere a los aspectos técnicos de las grabaciones, en los tiempos en los que el AC daba sus primeros pasos solo era posible realizar grabaciones en formato audio. Hoy día, en el caso de que los interlocutores informantes se encuentren en el mismo espacio, las grabaciones deben realizarse con una cámara de video [7]. La razón es que, en audio, se pierden los detalles de la comunicación no verbal que pueden ser aprovechados en otras investigaciones.

---

[6] Sacks, 1984, p.26.
[7] Ten Have, 1999, p.52-53, Hutchby y Wooffitt, 2008, p.69, Sidnell, 2010, p.22

 **Comunicación No Verbal**

La comunicación no verbal es la transmisión de mensajes o señales a través de uno de los siguientes canales no verbales:

- Contacto visual, las acciones de mirar mientras se habla y se escucha, la frecuencia de las miradas, los patrones de fijación, la dilatación de las pupilas y el ritmo de parpadeo (oculésica).
- Expresiones faciales.
- Gestos.
- Postura.
- Uso de objetos.
- Lenguaje corporal.
- Señales sociales.
- Uso del espacio (kinésica).
- Uso de la distancia (proxémica).
- Entornos físicos.
- Apariencia.
- Voz (paralenguaje).
- Tacto (canal háptico).
- Uso del tiempo (cronémica)[8].

En el AC, el área de la comunicación no verbal que cuenta con un mayor nivel de relevancia es el estudio del paralenguaje. Este engloba distintos elementos de la comunicación verbal que van más allá de las palabras en sí y que transmiten información en la conversación, como el tono de la voz, la entonación, la velocidad del habla, el volumen, los silencios, las pausas, entre otros.

---

[8]Para quien desee iniciarse en este campo, algunas de las obras fundamentales sobre la comunicación

## 3.3 Obtención de datos conversacionales

A pesar del gran valor que tienen las grabaciones de las conversaciones como fuente de datos no elicitados, Sacks pronto se dio cuenta de que solo su audición no bastaba para poder estudiarlas con el grado de detalle necesario. Esto le llevó a analizarlas a través de sus transcripciones.

En la metodología del AC, la transcripción constituye un proceso fundamental. Esto se debe a que la *escucha repetida* que exige la transliteración de los datos lleva al investigador a:

- Conocer en profundidad la interacción que tiene entre manos.

- Centrar su atención en los fenómenos interactivos sobre los que, posteriormente, versará su investigación[9].

En lo que se refiere a las normas seguidas en la transcripción de los datos, el AC cuenta con su estilo particular de transliteración. En el ámbito anglosajón de la disciplina, sigue las convenciones estandarizadas creadas originalmente por Gail Jefferson[10].

Por nuestra parte, en este libro y en todos los demás que componen esta serie dedicada a las aplicaciones del AC a la IAG y el diseño UX Conversacional, emplearemos la convención de transcripción que usamos en nuestra tesis doctoral y el resto de nuestras publicaciones científicas[11]. Concretamente, se trata de una versión simplificada de las convenciones de transcripción del Corpus PRESEEA-Alcalá, la más común en los estudios de Sociología Hispánica y que cuenta con la gran ventaja de poder ser leída por cualquier lector iniciado o no en el AC[12].

---

no verbal son las de Poyatos, 1993 sobre el paralenguaje en español, la kinésica de Kendon, 1990, la proxémica de Hall, 1963, 1966, Knapp, 1980 y la cronémica de Bruneau, 1980.

[9]Psathas y Anderson, 1990.
[10]Jefferson, 1985, 2005.
[11]Martínez Carrillo, 2009, 2015a, 2015b, 2021.
[12]Moreno Fernández et al., 2002, 2005, 2007.

 **Convenciones de Transcripción PRESEEA-Alcalá**

**Ortografía y puntuación:**

| | |
|---|---|
| ¡! | Enunciados exclamativos. |
| ¿? | Enunciados interrogativos. |
| / | Pausa breve, inferior a medio segundo. |
| // | Pausa media, entre medio segundo y un segundo. |
| /// | Pausa larga, superior a un segundo e inferior a dos segundos. |
| Mayúsculas | Iniciales de nombres propios y siglas. |
| Onomatopeyas | Escritura ortográfica (por ejemplo, zas, bum, plas). |

**Ruido:**

| | |
|---|---|
| (()) | Ruido o especificiación de algún fenómeno no verbal [por ejemplo, ((carraspeo)), ((suena el teléfono del informante 02))]. |
| (risas =) | Risas, con especificación del emisor [por ejemplo, (risas = usuario), (risas = sistema)]. |
| (?) | Fragmentos de la conversación ininteligibles y no trascritos. |

**Marcas fónicas:**

| | |
|---|---|
| : | Sílabas o sonidos alargados [por ejemplo, e:m, a:h]. |
| (lapso= ) | Pausa superior a dos segundos seguida de su extensión en segundos [por ejemplo, (lapso=3)]. |
| - | Palabra cortada por corrección o vacilación (por ejemplo, es- escucha, no me- e- me dijo que no venía). |
| () | Titubeos, elementos paralingüísticos y clicks [por ejemplo, (e:), (hm), (ts)]. |

**Marcas léxicas:**

| | |
|---|---|
| *Letra cursiva* | Expresiones en lenguas extranjeras. |
| «» | Citas y estilo directo [por ejemplo, dijo «es que eres tonta»]. |
| ... | Suspensión del discurso. |
| <u>Letra subrayada</u> | Solapamiento del habla. |

Como cualquier otro instrumento metodológico, las convenciones de transcripción constituyen el resultado de una serie de decisiones teóricas. En la práctica metodológica del AC, las transliteraciones solo representan una forma de reproducción de las conversaciones[13]. En otras palabras, no constituyen lo que, convencionalmente, se entiende como los «datos de la investigación», que solo vienen representados por la conversación original[14]. Esto significa que el investigador nunca debe olvidarse de las conversaciones y debe emplearlas durante la fase de análisis, paralelamente, con las transcripciones.

### 3.3.1. Aplicaciones al Diseño UX Conversacional

La obtención de datos propio del AC tiene la capacidad de traducirse en una serie de mejores prácticas para el trabajo del diseñador UX conversacional o el analista de datos conversacionales. Estas prácticas enfatizan la importancia de basar la investigación y el diseño en grabaciones de conversaciones en sus contextos originales, analizadas a través de transcripciones que sigan normas estandarizadas. Además, se destaca la relevancia de considerar decisiones teóricas en el proceso de transcripción y la necesidad de utilizar tanto las grabaciones como sus transcripciones durante el análisis. Estas prácticas proporcionan una base sólida para el trabajo del diseñador UX conversacional y son las siguientes:

- **Captura el contexto de la conversación:** en investigación del usuario, prioriza el estudio de conversaciones grabadas en sus *contextos* reales[15]. Estas proporcionan una visión auténtica de las prácticas interactivas de los usuarios con los agentes conversacionales, especialmente cuando se producen por voz.

- **Relativiza las teorías formalistas chomskianas:** para casos como el entrenamiento de la Comprensión del Lenguaje Natural[16], alterna el enfoque basado en estructuras sintácticas basados en ejemplos inventados con input extraído de interacciones reales previas con tu agente conversacional. Este último tipo de enunciados abren un camino más sólido para que los diálogos cuenten, a través de sucesivas iteraciones, con una organización secuencial del habla más cercana a la de una conversación natural.

- **Usa grabaciones como fuente de datos:** especialmente en el caso de las interacciones por voz, utiliza las grabaciones de las conversaciones de tus usuarios con tus agentes conversacionales. Esto ofrece ventajas como contar con una documentación que refleja el evento original, la posibilidad de revisar las conversaciones

---

[13] Hutchby y Wooffitt, 2008, p.32.
[14] Ochs, 1979, p.44.
[15] Los datos que definen el contexto (hora, información recogida a través de sensores, perfil del usuario, etc.) son variables en el espectro de conversaciones humano-sistema.
[16] NLU en sus siglas en inglés.

de manera ilimitada y la disponibilidad de los datos para otros miembros de tu empresa u organización.

- **Emplea transcripciones en el análisis:** analiza las grabaciones de las conversaciones a través de transcripciones para lograr un grado de detalle suficiente. La transcripción permite una comprensión profunda de la interacción y focaliza la atención del diseñador UX conversacional en la corrección de los fenómenos interactivos y la secuencialidad del habla.

- **Establece normas de transcripción simples:** define convenciones estandarizadas de transcripción que puedan ser fácilmente leídas por otros miembros de tu equipo sin conocimiento sobre el AC. Simplifícalas al máximo.

- **Usa paralelamente las conversaciones y las transcripciones:** reconoce que las transcripciones no son los datos de la investigación en sí y que la conversación original sigue siendo la fuente principal de datos. Durante la fase de análisis de conversaciones por voz, emplea tanto la escucha activa de las conversaciones originales entre el usuario y el agente conversacional como las transcripciones de estas interacciones. La aplicación de una metodología de trabajo que combine ambas es fundamentale para comprender, holísticamente, las prácticas conversacionales de los interlocutores e identificar las áreas aún mejorables de la experiencia conversacional.

Una vez presentadas este conjunto de mejores prácticas relacionadas con la observabilidad de los materiales de investigación, pasamos a describir las tres fases que el AC emplea en el análisis de los datos conversacionales. Estos son:

1. Recopilación de los datos.

2. Descripción del fenómeno conversacional en cuestión.

3. Revisión de la propuesta planteada sobre su forma y funcionamiento[17].

Como es típico en la *investigación cualitativa*, en el AC, una buena parte de su metodología de análisis se encuentra directamente sustentada en las *habilidades interpretativas* del propio analista. Esto significa que la práctica del AC exige que el investigador pase de ser capaz de observar solo «lo obvio» en la conversación a identificar los elementos, los fenómenos y los mecanismos que, aplicados de manera sistemática, producen el establecimiento de comunicación entre los interlocutores.

---

[17]Cestero Mancera, 2000b, 2000a; Hutchby y Wooffitt, 2008; Ten Have, 1999.

Por último, es necesario mencionar que las tres fases consecutivas de análisis que presentamos a continuación no constituyen un conjunto de reglas inviolables. Más bien, se trata de una serie de sugerencias y un marco general de cómo deben tratarse los datos. Esto se debe a que:

- Cada conversación o corpus de conversaciones representa una entidad única.

- La naturaleza de cada proyecto impone sus propios requerimientos metodológicos.

- Cada investigador se encuentra guiado por sus propios intereses y objetivos teóricos[18].

## 3.4. Primera Fase del Análisis: Recopilación de casos

El objetivo de esta primera fase de análisis es identificar en la conversación (o en el corpus de conversaciones sobre el que se esté trabajando) la totalidad de los casos del elemento conversacional en el que el investigador desee centrarse.

En el AC, se considera también una actitud metodológicamente lícita que el investigador se acerque a los datos sin haber definido un elemento de estudio. Esto sucede así ya que los aspectos relevantes de la interacción emergen durante el proceso de observación cualitativa.

> *When we start out with a piece of data, the question of what we are going to end up with, what kind of findings it will give, should not be a consideration. We sit down with a piece of data, make a bunch of observations, and see where they will go... I mean not merely that if we pick any data we will find something, but that if we pick any data, without bringing any problem to it, we will find something. And how interesting what we may come up with will be is something we cannot in the first instance say.*
> (Sacks, 1984, p.27)

Esta forma de iniciar el análisis de los datos, denominada la *visión inmotivada* del AC[19], constituyó durante los primeros años de la disciplina el mecanismo generador

---

[18] Sidnell, 2010, p.20.
[19] Psathas, 1990.

de sus contenidos teóricos. Sin embargo, en la actualidad, es difícil mantener esta postura exploratoria en el análisis. Esto se debe a las numerosísimas aportaciones sobre la organización secuencial del habla existentes, que no pueden ignorarse y que, necesariamente, deben configurar el punto de partida teórico de toda investigación que se precie[20].

Por último, en lo que respecta al número de casos que necesitan ser recopilados para iniciar el análisis del fenómeno conversacional que se haya elegido, el AC considera que el investigador debe contar con un corpus de datos *extenso*, dado que la solidez del argumento depende de la cantidad de ejemplos que se hayan analizado [21]. Asimismo, cada caso revela diferentes aspectos del fenómeno en cuestión, por lo que se debe analizar cada uno de ellos con el mismo grado de detalle, con el objetivo de identificar, a la vez, las regularidades que los unen bajo una misma categoría y las variaciones de los subcasos que existen dentro de ellos.

### 3.4.1. Aplicaciones al Diseño UX Conversacional

De la primera fase de análisis centrada en la recopilación de casos conversacionales, podemos extraer seis mejores prácticas para el diseño UX conversacional. En conjunto, estas enfatizan la importancia de un enfoque exploratorio inicial, la flexibilidad en la observación, la recopilación extensa de datos y el análisis detallado de cada caso en la primera fase del análisis. Concretamente, son las siguientes:

- **Mantén un enfoque exploratorio:** en las fases iniciales del análisis, mantén un enfoque exploratorio. Adopta la visión inmotivada del AC, para permitir que los aspectos relevantes de las conversaciones emerjan durante la observación cualitativa.

- **Sé flexible en tu proceso de observación:** no limites el análisis de los datos conversacionales al análisis cuantitativo. De manera puntual, combina el análisis cuantitativo con observaciones abiertas y flexibles para permitir que otros hallazgos relevantes surjan de manera orgánica.

- **No prejuzgues los resultados:** al iniciar el análisis, no te preocupes por anticipar los hallazgos o resultados. Sigue el enfoque de Sacks, que aboga por hacer observaciones sin preocuparse por las conclusiones, permitiendo que los datos guíen el camino del análisis.

---

[20]Martínez Carrillo, 2021, p.62.
[21]Sacks et al., 1992a, p.193–198. Sin embargo, ni Sacks ni ninguno de los fundadores del AC llegan a especificar en ningún momento la cifra exacta de casos a partir de la cual es posible obtener conclusiones sólidas.

- **Recopila suficientes datos:** asegúrate de contar con una base de datos extensa para garantizar la solidez del argumento. La cantidad de ejemplos analizados contribuye a la robustez de la investigación.

- **Analiza detalladamente cada categoría de casos:** examina cada grupo de casos con el mismo grado de detalle, identificando tanto las regularidades que los agrupan bajo una misma categoría como las variaciones presentes en los subcasos. Esto permite una comprensión más completa del fenómeno conversacional.

- **Encuentra el equilibrio entre generalidad y detalle:** encuentra el equilibrio entre la generalidad y el detalle en la recopilación de casos. No pierdas de vista el panorama general mientras analizas cada caso con suficiente detalle para capturar las complejidades del fenómeno estudiado.

Una vez presentadas este conjunto de mejores prácticas, pasamos a ocuparnos de la segunda fase del análisis dedicada a la descripción de los fenómenos conversacionales.

## 3.5. Segunda Fase del Análisis: Descripción del Fenómeno

La segunda parte del análisis de los datos consiste en la descripción formal del fenómeno partiendo de las observaciones obtenidas en la fase anterior. Es importante aclarar que los analistas de la conversación no suelen procesar los datos recopilados con técnicas cuantitativas. Esto se debe a que, según los objetivos teóricos de la disciplina, es más relevante emplear la capacidad de observación del analista en la descripción de la organización secuencial del habla que en la cuantificación o el tratamiento estadístico de los datos[22]. Según este posicionamiento, la cuantificación básica que se produce durante la primera fase del análisis debe considerarse, únicamente, una acción que dota de mayor solidez al argumento del investigador.

En todo caso, es necesario mencionar que, como en el caso de la mirada inmotivada que caracterizó los primeros años del AC, el papel de la cuantificación en el análisis constituye otra de las metodologías que han cambiado en la disciplina con el transcurso de los años.

Al respecto, la metodología del AC actual muestra una clara tendencia a la integración de métodos cuantitativos, dada su utilidad para:

1. Aislar, mediante tratamientos informáticos, elementos conversacionales en corpus extensos.

---
[22] Hutchby y Wooffitt, 2008, p.109.

2. Consolidar intuiciones bien definidas, pero difíciles de comprobar sin contar con un corpus amplio de datos.

3. Comparar los resultados de diferentes investigaciones.

4. Plantear estudios que asocien de manera más explícita el uso de un fenómeno conversacional a una categoría social o psicológica[23].

Como consecuencia de este cambio metodológico en el AC, en la actualidad, contamos con una gran cantidad de investigaciones que emplean métodos estadísticos básicos y avanzados de manera complementaria al análisis cualitativo. Esta es una práctica que se ha perfilado de uso común durante los últimos años.

### 3.5.1. Aplicaciones al Diseño UX Conversacional

Basándonos en los principios metodológicos que guían la segunda fase de análisis de descripción del fenómeno en el AC, podemos extraer las siguientes mejores prácticas para el diseño UX conversacional. Estas se centran en la integración de métodos cuantitativos, la atención a la observación cualitativa y el equilibrio entre ambos enfoques.

- **Busca la integración de los métodos cuantitativos y cualitativos:** resulta esencial integrar de los métodos cualitativos con la cuantificación exhaustiva. La combinación de ambos permite obtener una compresión más completa del comportamiento del usuario en las interacciones conversacionales con sistemas.

- **Optimiza el uso de herramientas informáticas:** para aislar la totalidad de los elementos conversacionales en bases de datos extensas, no hay otro camino más que el de emplear tratamientos informáticos. En el diseño UX conversacional, el uso de tecnologías y herramientas digitales para analizar patrones conversacionales y comportamientos del usuario representa un beneficio indiscutible.

- **Valida tus intuiciones con el mayor número posible de datos:** la cuantificación se presenta como una herramienta para consolidar intuiciones difíciles de comprobar sin un corpus extenso de datos conversacionales. Para el UX conversacional, se aconseja adoptar un enfoque complementario, aprovechando tanto la riqueza de la observación cualitativa como la validez de los datos cuantitativos para informar de decisiones de diseño.

---

[23]Heritage, 1999, p.70.

- **Compara y asocia diferentes tipos de resultados:** resulta fundamental contar con la capacidad de comparar resultados entre diferentes experimentos y asociar fenómenos conversacionales a categorías sociales o psicológicas. En el diseño UX conversacional, se debe comparar el rendimiento y la respuesta del usuario en diferentes contextos y asociar patrones de interacción con perfiles de usuario específicos.

Una vez presentadas las mejores prácticas relacionadas con la fase de análisis de descripción de los fenómenos conversacionales, en el siguiente apartado, introducimos la tercera fase de análisis de revisión de la interpretación.

## 3.6. Tercera Fase del Análisis: Revisión de la interpretación

En la tercera fase del análisis, el investigador debe revisar la validez de la descripción del elemento, fenómeno o mecanismo conversacional que haya formulado como consecuencia de su análisis, mediante la triangulación de sus resultados.

 **Triangulación de Datos**

- La triangulación de datos se define como el empleo de dos o más métodos de recopilación de información para examinar un fenómeno específico.

- Este enfoque implica la combinación de múltiples observadores, teorías, métodos y materiales empíricos para superar las debilidades inherentes de los estudios basados en métodos, observadores y teorías únicos.

- La triangulación persigue la confirmación de resultados a través de la convergencia de diversas perspectivas. Dicho punto de convergencia se considera la representación de la realidad.

Este proceso exige retomar los casos que representan variaciones dentro de la categoría global que representa el fenómeno y que el investigador no ha tomado en cuenta para fundamentar su interpretación general. El objetivo metodológico es desarrollar una explicación formal de los casos desviados de tal manera que puedan ser incluidos en el patrón general establecido. Esto ayudará a refinar la interpretación y a identificar posibles errores que se hayan producido durante el análisis[24].

 **Recapitulación**

En conclusión, la metodología de análisis del AC constituye:

- Una serie de procesos de *observación cualitativa inductiva* que abarcan desde la grabación de las conversaciones hasta la descripción de los elementos, los fenómenos y los mecanismos que la componen.

- En estos procesos, el investigador delimita, paulatinamente, una serie de categorías que constituyen la base de descripciones generalizables, empleando:

  - Su propio sentido común como hablante o conocedor profundo de la lengua y el contexto social en el que se desarrollan las conversaciones.

  - Su capacidad de transcender al uso cotidiano de la lengua hablada para monitorizar los *procesos tácitos de pensamiento* que se materializan en ella de manera estructurada.

### 3.6.1. Aplicaciones al Diseño UX Conversacional

De la tercera fase del análisis de los datos en el AC, centrada en la revisión de la interpretación, pueden extraerse las siguientes mejores prácticas para el diseño UX conversacional:

- **Adopta un enfoque multidimensional:** en el diseño UX conversacional, la adopción de un enfoque multidimensional implica considerar las diversas perspectivas y teorías existentes sobre la conversación (Psicología, Etnografía de la Comunicación, Pragmática, etc.). La convergencia de diversas perspectivas mejora la validez de la interpretación de los datos. Esto se traduce en una experiencia de usuario más completa y que puede ser adaptada a perfiles de usuarios variados.

- **Revisa los casos desviados:** resulta crucial revisar los casos desviados o excepciones que no se alinean con el patrón general establecido. Este proceso permite refinar la interpretación y abordar posibles errores en el diseño. La identificación

---

[24]Schegloff, 1968, p.1079–1080.

de variaciones y casos particulares contribuye a ajustar la interfaz para adaptarse a diferentes escenarios de uso.

- **Desarrolla explicaciones formales:** se debe desarrollar explicaciones formales para los casos desviados. Esto implica entender las razones detrás de las variaciones y, en consecuencia, poder ajustar el diseño de la interfaz. La capacidad de explicar y abordar casos particulares contribuye a la mejora continua del diseño conversacional.

- **Usa tu conocimiento del contexto:** al revisar la interpretación, es fundamental contar con un conocimiento profundo del contexto. Los diseñadores conversacionales deben aprovechar su experiencia innata como hablantes de la lengua y su conocimiento formal como expertos en la conversación natural para tomar decisiones informadas en múltiples niveles sobre la adaptación del diseño a las necesidades y expectativas del usuario.

Con la exposición de este conjunto de mejores prácticas para la fase de revisión de los resultados en el diseño UX conversacional, damos por finalizado el presente capítulo. En los siguientes apartados, el lector puede revisar los principales conceptos que hemos tratado y, si así lo desea, profundizar en ellos consultando la bibliografía.

## 3.7. Conceptos Principales

- **Razonamiento inductivo:** modo de pensamiento que implica la inferencia de un principio general a partir de observaciones particulares, realizando generalizaciones basadas en evidencias concretas.

- **Observabilidad:** en el método científico, se refiere a la capacidad de recopilar información subjetiva y descriptiva sobre un fenómeno mediante técnicas de observación sin utilizar mediciones cuantitativas.

- **Escuela Etnográfica de Chicago:** destacado movimiento de pensamiento en Sociología que se centra en la sociología urbana y combina teoría, trabajo de campo etnográfico y el Interaccionismo Simbólico.

- **Conversación natural:** fenómeno estudiado por el AC, identificado en las interacciones verbales cotidianas.

- **Observación no participativa:** en el AC, grabación no intrusiva de conversaciones naturales en entornos reales.

- **Comunicación no verbal:** transmisión de mensajes mediante canales no verbales como expresiones faciales, gestos o posturas, entre otros.

- **Paralenguaje:** diversos elementos de la comunicación no verbal que van más allá de las palabras en sí (tono de voz, entonación, pausas, etc.) y transmiten información durante la conversación.

- **Transcripción:** proceso que implica convertir la grabación de una conversación en texto escrito.

- **Convenciones de transcripción:** reglas y prácticas establecidas para representar y registrar en las transcripciones, de manera estandarizada y comprensible, los elementos específicos de la comunicación (pausas, risas, ruidos, marcas fónicas, etc.).

- **Corpus:** en el AC, colección de datos que consiste en grabaciones de conversaciones, transcripciones y cualquier material relacionado con la investigación.

- **Visión inmotivada:** en el AC, práctica metodológica inicial en la cual el investigador se acerca a los datos sin haber definido previamente un elemento específico de estudio.

- **Triangulación:** uso de varios métodos de recopilación de datos para examinar un fenómeno, combinando observadores, teorías y materiales empíricos.

# Referencias Bibliográficas

Bruneau, T. J.
> (1980).
>> *Chronemics and the verbal-nonverbal interface.*
>> En M. Key (Ed.),
>> *The relationship of verbal and nonverbal communication* (pp. 101-118).
>> Mouton.

Cestero Mancera, A. M.
> (2000b).
>> *El intercambio de turnos de habla en la conversación: Análisis sociolingüístico.*
>> Servicio de publicaciones de la Universidad de Alcalá.

Cestero Mancera, A. M.
> (2000a).
>> *Los turnos de apoyo conversacionales.*

# REFERENCIAS BIBLIOGRÁFICAS

Servicio de Publicaciones de la Universidad de Cádiz.

Chomsky, N.

(1965).

*Aspects of the theory of syntax.*

MIT Press.

Hall, E. T.

(1963).

*A system for the notation of proxemic behavior.*

*American Anthropologist, 65*(5),

1003-1026.

Hall, E. T.

(1966).

*The hidden dimension.*

Doubleday.

Heritage, J.

(1999).

*CA at century's end: practices of talk-in-interaction, their distributions and their outcomes.*

*Research on Language and Social Interaction, 32,*

69-76.

Hutchby, I., & Wooffitt, R.

(2008).

*Conversation Analysis.*

Polity Press.

Jefferson, G.

(1985).

*An exercise in the transcription and analysis of laughter.*

En T. A. van Dijk (Ed.),

*Handbook of Discourse Analysis, Volume 3: Discourse and Dialogue* (pp. 25-34).

Academic Press.

Jefferson, G.

(2005).

*Glossary of transcript symbols with an introduction.*

En G. H. Lerner (Ed.),

*Conversation Analysis: Studies from the First Generation* (pp. 13-31).

John Benjamins.

Kendon, A.

(1990).

*Conducting interaction.*

Cambridge University Press.

Knapp, M. L.

(1980).

*Essentials of nonverbal communication.*

Holt, Rinehart; Winston.

Martínez Carrillo, M. C.

(2009).

*La organización temática en la conversación de estudiantes finlandeses de español como lengua extranjera* [Tesis de DEA]. Universidad Antonio de Nebrija.

Martínez Carrillo, M. C.

(2015a).

*El desarrollo temático de la conversación en español como lengua materna y en español como lengua extranjera de estudiantes finlandeses* [Tesis doctoral inédita]. Universidad Antonio de Nebrija.

Martínez Carrillo, M. C.

(2015b).

*El desarrollo temático de la conversación en español como lengua materna y en español como lengua extranjera de estudiantes finlandeses. Anexos* [Tesis doctoral inédita]. Universidad Antonio de Nebrija.

Martínez Carrillo, M. C.

(2021).

*Conversar en español: un enfoque desde el Análisis de la Conversación.*

Peter Lang.

Moreno Fernández, F., Cestero Mancera, A. M., Molina Martos, I., & Paredes García, F.

(2002).

*La lengua hablada en Alcalá de Henares. Corpus PRESEEA-ALCALÁ. I. Hablantes de instrucción superior.*

Servicio de Publicaciones de la Universidad de Alcalá.

Moreno Fernández, F., Cestero Mancera, A. M., Molina Martos, I., & Paredes García, F.

(2005).

*La lengua hablada en Alcalá de Henares. Corpus PRESEEA-ALCALÁ. II. Hablantes de instrucción media.*

Servicio de Publicaciones de la Universidad de Alcalá.

Moreno Fernández, F., Cestero Mancera, A. M., Molina Martos, I., & Paredes García, F.
(2007).
*La lengua hablada en Alcalá de Henares. Corpus PRESEEA-ALCALÁ. III. Hablantes de instrucción baja.*
Servicio de Publicaciones de la Universidad de Alcalá.

Ochs, E.
(1979).
*Transcription as theory.*
En E. Ochs & B. Schieffelin (Eds.),
*Developmental pragmatics* (pp. 43-72).
Academic Press.

Park, R. E.
(1952).
*Human Communities: The City and Human Ecology.*
Free Press.

Poyatos, F.
(1993).
*Paralanguage: A linguistic and interdisciplinary approach to interactive speech and sounds.*
John Benjamins Publishing Company.

Psathas, G.
(1990).
*Introducción.*
En G. Psathas (Ed.),
*Interaction Competence* (pp. 1-29).
University Press of America.

Psathas, G., & Anderson, T.
(1990).
*The "practices.°f transcription in conversation analysis.*
Semiotica, 78,
75-99.

Sacks, H.
(1963).
*Sociological Description.*
Berkeley Journal of Sociology, 8,
1-16.

Sacks, H.
>(1972).
>>*An initial investigation of the usability of conversational data for doing sociology.*
>>En D. Sudnow (Ed.),
>>*Studies in Social Interaction* (pp. 31-74).
>>Free Press.

Sacks, H.
>(1984).
>>*Notes on methodology.*
>>En J. M. Atkinson & J. Heritage (Eds.),
>>*Structures of social action: studies in conversation analysis* (pp. 21-27).
>>Cambridge University Press.

Sacks, H., Jefferson, G., & Schegloff, E. A.
>(1992a).
>>*Lectures on conversation: Volume I.*
>>Blackwell Publishing.

Sacks, H., Jefferson, G., & Schegloff, E. A.
>(1992b).
>>*Lectures on conversation: Volume II.*
>>Blackwell Publishing.

Schegloff, E. A.
>(1968).
>>*Sequencing in conversational openings.*
>>American Anthropologist New Series, 70(6),
>>1075-1095.

Sidnell, J.
>(2010).
>>*Conversation analysis: An introduction.*
>>Wiley-Blackwell.

Ten Have, P.
>(1999).
>>*Doing conversation analysis: a practical guide.*
>>Sage Publications.

Whyte, W. F.
>(1943).
>>*Street Corner Society.*

# REFERENCIAS BIBLIOGRÁFICAS

University of Chicago Press.

# CAPÍTULO 4

# Habilidades para tu Carrera

## 4.1. Habilidades lingüísticas clave

El objetivo principal de este libro ha sido presentar al lector el enfoque teórico y metodológico del AC dentro de la Sociología y cómo este puede ampliar sus habilidades como diseñador UX conversacional o lingüista en el nuevo contexto profesional que plantea la IAG.

El conocimiento sólido sobre los principios teóricos y la metodología de análisis del AC es fundamental para que, en el análisis de los datos conversacionales, podamos incluir también:

1. **El contexto**

   - El enfoque del AC facilita el análisis de la comunicación verbal más allá de la mera observación de palabras y frases, ya que el analista es capaz de conectar el significado con el contexto en el que se produce.

   - Esto nos permite estudiar los enunciados como acciones o actos de habla.

2. **El principio de secuencialidad**

   - Se trata del instrumento metodológico más potente creado por el AC, ya que explica la manera en la que los humanos otorgamos significado a los enunciados del interlocutor contrario y adaptamos el contenido de nuestras propias intervenciones al desarrollo de la interacción en curso.

   - Esto hace posible el análisis de la conversación como una acción interactiva secuencialmente estructurada, donde los enunciados de interlocutores alternos quedan conectados mediante lazos pragmáticos, estructurales y cohesivos.

- El conocimiento, por parte del diseñador UX conversacional, de lo que es correcto o incorrecto en cada secuencia interactiva constituye su habilidad esencial. Los cinco libros que conforman esta serie están enfocados a divulgar dicho conocimiento.

## 3 Elementos pragmáticos y sociolingüísticos

- El empleo, por parte del AC, del concepto de *competencia comunicativa* posibilita la integración de las dimensiones pragmáticas y sociolingüísticas en el análisis de los datos conversacionales.

- Esto también permite la observación y la evaluación de cómo las estrategias de comunicación, las normas sociales y las variables sociolingüísticas (que rigen el comportamiento tanto del usuario como del sistema) influyen en los datos conversacionales.

## 4 Diferentes niveles de competencia comunicativa

- Asimismo, en la conversación humano-sistema, los interlocutores aplican una serie de prácticas interactivas conversacionales propias de este tipo de intercambios híbridos.

- Dichas prácticas interactivas deben ser observadas y evaluadas teniendo en cuenta su contexto. Asimismo, potencialmente, también deber ser optimizadas o mitigadas, según los objetivos de la interacción que se tenga en manos.

- De esta manera, aunque el objetivo último debería de ser, en principio, que la interacción entre el usuario y el sistema fuera lo más cercana posible a una conversación humana, el mero hecho de que se desarrolle en un espacio interactivo híbrido revierte siempre en la existencia de prácticas conversacionales propias de este espacio.

## 5 Grabaciones y transcripciones de conversaciones

- Como analista de datos conversacionales, resulta especialmente útil estar entrenado en la grabación y la transcripción detallada de conversaciones, según los métodos empleados en el AC.

- El entrenamiento intensivo revierte en la adquisición de habilidades interpretativas altamente centradas en el detalle que pueden emplearse en el análisis de contextos conversacionales múltiples.

**6 Combinación del análisis cualitativo con el cuantitativo**

- El diseñador UX conversacional debe de ser capaz de encontrar, en su trabajo y en la colaboración con su equipo, el equilibrio adecuado entre sus propias habilidades interpretativas (adquiridas a través de la investigación cualitativa) y la cuantificación que, obligatoriamente, debe usar para consolidar sus observaciones.

Una vez que hemos resumido este conjunto de habilidades y estrategias básicas, en el siguiente apartado, pasamos a resumir los contenidos que tratamos en el siguiente libro de esta serie.

## 4.2. En el Próximo Libro

El contenido del segundo libro se centra en el diseño de aplicaciones de IAG conversacional centradas en el humano. Con la expresión «centrado en el humano», nos referimos a la descripción de las principales características textuales, interactivas y estructurales de la conversación natural para su réplica en la conversación humano-sistema.

El libro está compuesto por cuatro capítulos que recogen el siguiente contenido:

- **Capítulo 1. La conversación como evento comunicativo:** presentamos la definición formal de la conversación natural según el AC, sus características específicas como texto dialógico y el espacio que ocupa la conversación humano-sistema en el continuo de acontecimientos comunicativos que conforman nuestra vida cotidiana.

- **Capítulo 2. La conversación como texto oral:** Abordamos las características sintácticas, léxico-semánticas y prosódicas de la conversación como texto hablado y cómo deben ser consideradas en el diseño de experiencias conversacionales generativas.

- **Capítulo 3. La conversación como actividad interactiva:** describimos los principios contextuales, cooperativos y de cortesía que conforman la conversación como actividad interactiva y cómo optimizarlos en el diseño conversacional.

- **Capítulo 4. La conversación como actividad estructurada:** desgranamos el funcionamiento del principio de secuencialidad del habla y la manera de aplicarlo al diseño y evaluación de experiencias conversacionales con sistemas.

Si deseas mantenerte al tanto sobre la fecha de publicación de este libro, recomendamos que, a continuación, revises la información sobre cómo compartir feedback y sigas nuestras aportaciones en redes sociales.

## 4.3. Feedback, Redes Sociales y Contacto

Tu feedback como lector cuenta con una importancia de primera categoría para mi trabajo como divulgadora de contenido científico. Después de la publicación de cada libro, revisaré personalmente todos los comentarios recibidos y los integraré en mis esfuerzos posteriores.

Te agradezco que compartas tu opinión sobre este libro en este enlace.

Si su lectura te ha resultado provechosa, me es de gran ayuda que compartas tu experiencia con una referencia al libro en redes sociales y una mención a mi perfil personal, especialmente, en LinkedIn (no hay mejor promoción que el boca a boca).

Puedes seguir mi trabajo en:

- LinkedIn
- X
- YouTube
- Mi sitio Web

Otros comentarios personales y propuestas de colaboración pueden ser enviados por email a:

- hello@drcarmenmartinez.com

*¡Muchas gracias por leerme!*

www.ingramcontent.com/pod-product-compliance
Lightning Source LLC
Chambersburg PA
CBHW082253220526
45469CB00009B/2986